英検® 過去問題集

2024 年度

Gakken

4 級

別冊試験問題

注意事項

① 解答にはHBの黒鉛筆（シャープペンシルも可）を使用し，解答を訂正する場合には消しゴムで完全に消してください。

② 解答用紙は絶対に汚したり折り曲げたり，所定以外のところへの記入はしないでください。

解答欄

問題番号	1	2	3	4
1 (1)	①	②	③	④
(2)	①	②	③	④
(3)	①	②	③	④
(4)	①	②	③	④
(5)	①	②	③	④
(6)	①	②	③	④
(7)	①	②	③	④
(8)	①	②	③	④
(9)	①	②	③	④
(10)	①	②	③	④
(11)	①	②	③	④
(12)	①	②	③	④
(13)	①	②	③	④
(14)	①	②	③	④
(15)	①	②	③	④

解答欄

問題番号	1	2	3	4
2 (16)	①	②	③	④
(17)	①	②	③	④
(18)	①	②	③	④
(19)	①	②	③	④
(20)	①	②	③	④

解答欄

問題番号	1	2	3	4
3 (21)	①	②	③	④
(22)	①	②	③	④
(23)	①	②	③	④
(24)	①	②	③	④
(25)	①	②	③	④

解答欄

問題番号	1	2	3	4
4 (26)	①	②	③	④
(27)	①	②	③	④
(28)	①	②	③	④
(29)	①	②	③	④
(30)	①	②	③	④
(31)	①	②	③	④
(32)	①	②	③	④
(33)	①	②	③	④
(34)	①	②	③	④
(35)	①	②	③	④

リスニング解答欄

問題番号	1	2	3	4
例題	①	②	●	
第1部 No.1	①	②	③	
No.2	①	②	③	
No.3	①	②	③	
No.4	①	②	③	
No.5	①	②	③	
No.6	①	②	③	
No.7	①	②	③	
No.8	①	②	③	
No.9	①	②	③	
No.10	①	②	③	
第2部 No.11	①	②	③	④
No.12	①	②	③	④
No.13	①	②	③	④
No.14	①	②	③	④
No.15	①	②	③	④
No.16	①	②	③	④
No.17	①	②	③	④
No.18	①	②	③	④
No.19	①	②	③	④
No.20	①	②	③	④
第3部 No.21	①	②	③	④
No.22	①	②	③	④
No.23	①	②	③	④
No.24	①	②	③	④
No.25	①	②	③	④
No.26	①	②	③	④
No.27	①	②	③	④
No.28	①	②	③	④
No.29	①	②	③	④
No.30	①	②	③	④

解　答　欄

問題番号	1 2 3 4
(1)	① ② ③ ④
(2)	① ② ③ ④
(3)	① ② ③ ④
(4)	① ② ③ ④
(5)	① ② ③ ④
(6)	① ② ③ ④
(7)	① ② ③ ④
(8)	① ② ③ ④
(9)	① ② ③ ④
(10)	① ② ③ ④
(11)	① ② ③ ④
(12)	① ② ③ ④
(13)	① ② ③ ④
(14)	① ② ③ ④
(15)	① ② ③ ④

問題番号 1 の解答欄

解　答　欄

問題番号	1 2 3 4
(16)	① ② ③ ④
(17)	① ② ③ ④
(18)	① ② ③ ④
(19)	① ② ③ ④
(20)	① ② ③ ④

問題番号 2 の解答欄

解　答　欄

問題番号	1 2 3 4
(21)	① ② ③ ④
(22)	① ② ③ ④
(23)	① ② ③ ④
(24)	① ② ③ ④
(25)	① ② ③ ④

問題番号 3 の解答欄

解　答　欄

問題番号	1 2 3 4
(26)	① ② ③ ④
(27)	① ② ③ ④
(28)	① ② ③ ④
(29)	① ② ③ ④
(30)	① ② ③ ④
(31)	① ② ③ ④
(32)	① ② ③ ④
(33)	① ② ③ ④
(34)	① ② ③ ④
(35)	① ② ③ ④

問題番号 4 の解答欄

リスニング解答欄

問題番号		1 2 3 4
	例題	① ② ●
第1部	No.1	① ② ③
	No.2	① ② ③
	No.3	① ② ③
	No.4	① ② ③
	No.5	① ② ③
	No.6	① ② ③
	No.7	① ② ③
	No.8	① ② ③
	No.9	① ② ③
	No.10	① ② ③
第2部	No.11	① ② ③ ④
	No.12	① ② ③ ④
	No.13	① ② ③ ④
	No.14	① ② ③ ④
	No.15	① ② ③ ④
	No.16	① ② ③ ④
	No.17	① ② ③ ④
	No.18	① ② ③ ④
	No.19	① ② ③ ④
	No.20	① ② ③ ④
第3部	No.21	① ② ③ ④
	No.22	① ② ③ ④
	No.23	① ② ③ ④
	No.24	① ② ③ ④
	No.25	① ② ③ ④
	No.26	① ② ③ ④
	No.27	① ② ③ ④
	No.28	① ② ③ ④
	No.29	① ② ③ ④
	No.30	① ② ③ ④

20　年度・第　回　4級　解答用紙

注意事項
① 解答にはHBの黒鉛筆（シャープペンシルも可）を使用し，解答を訂正する場合には消しゴムで完全に消してください。
② 解答用紙は絶対に汚したり折り曲げたり，所定以外のところへの記入はしないでください。

解答欄

問題番号		1	2	3	4
1	(1)	①	②	③	④
	(2)	①	②	③	④
	(3)	①	②	③	④
	(4)	①	②	③	④
	(5)	①	②	③	④
	(6)	①	②	③	④
	(7)	①	②	③	④
	(8)	①	②	③	④
	(9)	①	②	③	④
	(10)	①	②	③	④
	(11)	①	②	③	④
	(12)	①	②	③	④
	(13)	①	②	③	④
	(14)	①	②	③	④
	(15)	①	②	③	④

解答欄

問題番号		1	2	3	4
2	(16)	①	②	③	④
	(17)	①	②	③	④
	(18)	①	②	③	④
	(19)	①	②	③	④
	(20)	①	②	③	④

解答欄

問題番号		1	2	3	4
3	(21)	①	②	③	④
	(22)	①	②	③	④
	(23)	①	②	③	④
	(24)	①	②	③	④
	(25)	①	②	③	④

解答欄

問題番号		1	2	3	4
4	(26)	①	②	③	④
	(27)	①	②	③	④
	(28)	①	②	③	④
	(29)	①	②	③	④
	(30)	①	②	③	④
	(31)	①	②	③	④
	(32)	①	②	③	④
	(33)	①	②	③	④
	(34)	①	②	③	④
	(35)	①	②	③	④

リスニング解答欄

問題番号		1	2	3	4
第1部	例題	①	②	●	
	No.1	①	②	③	
	No.2	①	②	③	
	No.3	①	②	③	
	No.4	①	②	③	
	No.5	①	②	③	
	No.6	①	②	③	
	No.7	①	②	③	
	No.8	①	②	③	
	No.9	①	②	③	
	No.10	①	②	③	
第2部	No.11	①	②	③	④
	No.12	①	②	③	④
	No.13	①	②	③	④
	No.14	①	②	③	④
	No.15	①	②	③	④
	No.16	①	②	③	④
	No.17	①	②	③	④
	No.18	①	②	③	④
	No.19	①	②	③	④
	No.20	①	②	③	④
第3部	No.21	①	②	③	④
	No.22	①	②	③	④
	No.23	①	②	③	④
	No.24	①	②	③	④
	No.25	①	②	③	④
	No.26	①	②	③	④
	No.27	①	②	③	④
	No.28	①	②	③	④
	No.29	①	②	③	④
	No.30	①	②	③	④

解　答　欄

問題番号	1 2 3 4
(1)	① ② ③ ④
(2)	① ② ③ ④
(3)	① ② ③ ④
(4)	① ② ③ ④
(5)	① ② ③ ④
(6)	① ② ③ ④
(7)	① ② ③ ④
(8)	① ② ③ ④
(9)	① ② ③ ④
(10)	① ② ③ ④
(11)	① ② ③ ④
(12)	① ② ③ ④
(13)	① ② ③ ④
(14)	① ② ③ ④
(15)	① ② ③ ④

（問題番号 1）

解　答　欄

問題番号	1 2 3 4
(16)	① ② ③ ④
(17)	① ② ③ ④
(18)	① ② ③ ④
(19)	① ② ③ ④
(20)	① ② ③ ④

（問題番号 2）

解　答　欄

問題番号	1 2 3 4
(21)	① ② ③ ④
(22)	① ② ③ ④
(23)	① ② ③ ④
(24)	① ② ③ ④
(25)	① ② ③ ④

（問題番号 3）

解　答　欄

問題番号	1 2 3 4
(26)	① ② ③ ④
(27)	① ② ③ ④
(28)	① ② ③ ④
(29)	① ② ③ ④
(30)	① ② ③ ④
(31)	① ② ③ ④
(32)	① ② ③ ④
(33)	① ② ③ ④
(34)	① ② ③ ④
(35)	① ② ③ ④

（問題番号 4）

リスニング解答欄

問題番号	1 2 3 4
例題	① ② ●
No.1	① ② ③
No.2	① ② ③
No.3	① ② ③
No.4	① ② ③
No.5	① ② ③
No.6	① ② ③
No.7	① ② ③
No.8	① ② ③
No.9	① ② ③
No.10	① ② ③
No.11	① ② ③ ④
No.12	① ② ③ ④
No.13	① ② ③ ④
No.14	① ② ③ ④
No.15	① ② ③ ④
No.16	① ② ③ ④
No.17	① ② ③ ④
No.18	① ② ③ ④
No.19	① ② ③ ④
No.20	① ② ③ ④
No.21	① ② ③ ④
No.22	① ② ③ ④
No.23	① ② ③ ④
No.24	① ② ③ ④
No.25	① ② ③ ④
No.26	① ② ③ ④
No.27	① ② ③ ④
No.28	① ② ③ ④
No.29	① ② ③ ④
No.30	① ② ③ ④

第1部：No.1〜No.10
第2部：No.11〜No.20
第3部：No.21〜No.30

注意事項
① 解答にはHBの黒鉛筆（シャープペンシルも可）を使用し，解答を訂正する場合には消しゴムで完全に消してください。
② 解答用紙は絶対に汚したり折り曲げたり，所定以外のところへの記入はしないでください。

解 答 欄

問題番号	1 2 3 4
1	(1) ① ② ③ ④
	(2) ① ② ③ ④
	(3) ① ② ③ ④
	(4) ① ② ③ ④
	(5) ① ② ③ ④
	(6) ① ② ③ ④
	(7) ① ② ③ ④
	(8) ① ② ③ ④
	(9) ① ② ③ ④
	(10) ① ② ③ ④
	(11) ① ② ③ ④
	(12) ① ② ③ ④
	(13) ① ② ③ ④
	(14) ① ② ③ ④
	(15) ① ② ③ ④

解 答 欄

問題番号	1 2 3 4
2	(16) ① ② ③ ④
	(17) ① ② ③ ④
	(18) ① ② ③ ④
	(19) ① ② ③ ④
	(20) ① ② ③ ④

解 答 欄

問題番号	1 2 3 4
3	(21) ① ② ③ ④
	(22) ① ② ③ ④
	(23) ① ② ③ ④
	(24) ① ② ③ ④
	(25) ① ② ③ ④

解 答 欄

問題番号	1 2 3 4
4	(26) ① ② ③ ④
	(27) ① ② ③ ④
	(28) ① ② ③ ④
	(29) ① ② ③ ④
	(30) ① ② ③ ④
	(31) ① ② ③ ④
	(32) ① ② ③ ④
	(33) ① ② ③ ④
	(34) ① ② ③ ④
	(35) ① ② ③ ④

リスニング解答欄

問題番号	1 2 3 4
	例題 ① ② ●
第1部	No.1 ① ② ③
	No.2 ① ② ③
	No.3 ① ② ③
	No.4 ① ② ③
	No.5 ① ② ③
	No.6 ① ② ③
	No.7 ① ② ③
	No.8 ① ② ③
	No.9 ① ② ③
	No.10 ① ② ③
第2部	No.11 ① ② ③ ④
	No.12 ① ② ③ ④
	No.13 ① ② ③ ④
	No.14 ① ② ③ ④
	No.15 ① ② ③ ④
	No.16 ① ② ③ ④
	No.17 ① ② ③ ④
	No.18 ① ② ③ ④
	No.19 ① ② ③ ④
	No.20 ① ② ③ ④
第3部	No.21 ① ② ③ ④
	No.22 ① ② ③ ④
	No.23 ① ② ③ ④
	No.24 ① ② ③ ④
	No.25 ① ② ③ ④
	No.26 ① ② ③ ④
	No.27 ① ② ③ ④
	No.28 ① ② ③ ④
	No.29 ① ② ③ ④
	No.30 ① ② ③ ④

合格力チェックテスト　　4級　解答用紙

解答欄

問題番号	1 2 3 4
1 (1)	① ② ③ ④
(2)	① ② ③ ④
(3)	① ② ③ ④
(4)	① ② ③ ④
(5)	① ② ③ ④
(6)	① ② ③ ④
(7)	① ② ③ ④
(8)	① ② ③ ④
(9)	① ② ③ ④
(10)	① ② ③ ④
(11)	① ② ③ ④
(12)	① ② ③ ④
(13)	① ② ③ ④
(14)	① ② ③ ④
(15)	① ② ③ ④

解答欄

問題番号	1 2 3 4
2 (16)	① ② ③ ④
(17)	① ② ③ ④
(18)	① ② ③ ④
(19)	① ② ③ ④
(20)	① ② ③ ④

解答欄

問題番号	1 2 3 4
3 (21)	① ② ③ ④
(22)	① ② ③ ④
(23)	① ② ③ ④
(24)	① ② ③ ④
(25)	① ② ③ ④

解答欄

問題番号	1 2 3 4
4 (26)	① ② ③ ④
(27)	① ② ③ ④
(28)	① ② ③ ④
(29)	① ② ③ ④
(30)	① ② ③ ④
(31)	① ② ③ ④
(32)	① ② ③ ④
(33)	① ② ③ ④
(34)	① ② ③ ④
(35)	① ② ③ ④

▶採点後，大問ごとに正解した問題数の合計を，下の表に記入しよう。記入が終わったら本冊p.154の分析ページでチャートを作ろう。

得点記入欄

筆記							
1	/15点	2	/5点	3	/5点	4	/10点
リスニング							
第1部＋第2部＋第3部							/30点

リスニング解答欄

問題番号	1 2 3 4
例題	① ② ●
第1部 No.1	① ② ③
No.2	① ② ③
No.3	① ② ③
No.4	① ② ③
No.5	① ② ③
No.6	① ② ③
No.7	① ② ③
No.8	① ② ③
No.9	① ② ③
No.10	① ② ③
第2部 No.11	① ② ③ ④
No.12	① ② ③ ④
No.13	① ② ③ ④
No.14	① ② ③ ④
No.15	① ② ③ ④
No.16	① ② ③ ④
No.17	① ② ③ ④
No.18	① ② ③ ④
No.19	① ② ③ ④
No.20	① ② ③ ④
第3部 No.21	① ② ③ ④
No.22	① ② ③ ④
No.23	① ② ③ ④
No.24	① ② ③ ④
No.25	① ② ③ ④
No.26	① ② ③ ④
No.27	① ② ③ ④
No.28	① ② ③ ④
No.29	① ② ③ ④
No.30	① ② ③ ④

英検® 過去問題集

2024年度

別冊

4級

Gakken

この本の特長と使い方

この本は, 英検の過去問題5回分と, 自分の弱点がどの部分かを発見できる「合格力チェックテスト」を収録した問題集です。読解やリスニングなど, さまざまな力が試される「英検(実用英語技能検定)」。この本をどう使えば英検合格に近づけるかを紹介します!

過去問&合格力チェックテストで弱点をなくせ!

本番のテストで勉強して実力アップ!
過去問題5回

まずは英検の過去問題を解いてみましょう!
自分の実力を知るいちばんの近道です。
この本では, 過去5回分の試験問題を掲載しています。
リスニング問題5回分をすべて収録したアプリ音声もついているので, 筆記試験, リスニングテストの対策がこの1冊でできます。

※アプリ音声については, 当冊子4ページをご覧ください。
※MP3形式のダウンロード音声にも
　対応しています。

たくさん問題を解いて,
英検の問題に慣れよう!

弱点を知って実力アップ!
合格力チェックテスト1回

次に, 大問ごとに自分の実力を診断できる「合格力チェックテスト」を解きましょう。
解答と解説154ページには, 苦手分野を克服するためのアドバイスが書かれています。これを参考にしながら, 本番に向け, さらに勉強を進めましょう。

合格力
チェック
テスト

合格力診断チャートの使い方に
ついては右のページをチェック!

合格力診断チャートはこう使う！

「合格力チェックテスト」の結果を分析できるのが“合格力診断チャート”です。ここでは，合格力診断チャートの使い方を解説します。

1 合格力チェックテストを解く

▲英検によく出る単語や表現で構成された実戦的なテストに挑戦しましょう。

2 答え合わせをする

▲筆記テスト，リスニングテストの正解数をそれぞれ数えましょう。

3 診断チャートに書きこむ

▲解答と解説154ページの合格力診断チャートに正解数を書きこみます。

◉ 合格力診断チャートで自分の実力をチェック！

正解数を合格力診断チャートに記入し，線で結びます。合格の目安となる合格ライン以下だった大問は対策が必要です。合格力診断チャートの下にある「分野別弱点克服の方法」を読んで，本番までにニガテを克服しておきましょう。

正解数が少ない分野の対策をすれば，効率よく得点アップが狙えるよ。

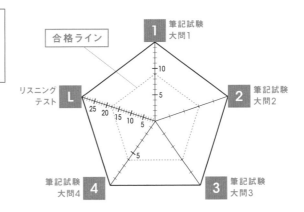

リスニング音声の利用方法

この本の音声は，専用音声アプリで聞くことができます。スマートフォンやタブレット端末から，リスニングテストの音声を再生できます。アプリは，iOSとAndroidに対応しています。

スマートフォン用　リスニングアプリ

①サイトからアプリをダウンロードする
右の2次元コードを読み取るか，URLにアクセスしてアプリをダウンロードしてください。

②アプリを立ち上げて『英検過去問題集』を選択する
本書を選択するとパスワードが要求されるので，次のパスワードを入力してください。

パスワード	tbaeksh4

ダウンロードはこちら！

https://gakken-ep.jp/extra/myotomo/

パソコン用　MP3音声ダウンロード

パソコンから下記URLにアクセスし，ユーザー名とパスワードを入力すると，MP3形式の音声ファイルをダウンロードすることができます。再生するには，Windows Media PlayerやiTunesなどの再生ソフトが必要です。

https://gakken-ep.jp/extra/eikenkako/2024/

ユーザー名	eikenkako2024		パスワード	tbaeksh4

どちらかの方法で音声を聞こう！

注意事項
・お客様のネット環境および携帯端末によりアプリをご利用になれない場合，当社は責任を負いかねます。ご理解，ご了承いただきますよう，お願いいたします。
・アプリケーションは無料ですが，通信料は別途発生いたします。
※その他の注意事項はダウンロードサイトをご参照ください。

もくじ

問題別　英検®攻略ガイド ———— 011－027

一次試験問題 ——————— 029－135

スピーキングテスト ——————— 137－143

受験パーフェクトガイド

英検は，文部科学省後援の検定として人気があり，入試などでも評価されています。ここでは，英検4級を受験する人のために，申し込み方法や試験の行われ方などをくわしく紹介します。

4級の試験はこう行われる！

◉ 一次試験は筆記とリスニング

4級の一次試験は筆記35分，リスニングテスト約30分の合計約65分。筆記試験もリスニングテストも，解答はすべてマークシート方式です。

◉ 自宅の近くや学校で受けられる

一次試験は，全国の多くの都市で実施されています。だいたいは，自宅の近くの会場や，自分の通う学校などで受けられます。

◉ 試験は年3回行われる

一次試験（本会場）は，6月（第1回）・10月（第2回）・1月（第3回）の年3回行われます。申し込みの締め切りは，試験日のおよそ1か月前です。

◉ スピーキングテストについて

一次試験の合否にかかわらず，4級の受験申し込み者全員が受験できます。合否結果が記載された成績表に英検IDとパスワードが記載されているので，自宅や学校などのネット環境の整った端末から専用サイトにアクセスして受験します。
（くわしくは当冊子24ページ参照）

試験の申し込み方法は？

⦿ 団体申し込みと個人申し込みがある

英検の申し込み方法は，学校や塾の先生を通じてまとめて申し込んでもらう**団体申し込み**と，自分で書店などに行って手続きする**個人申し込み**の２通りがあります。小・中学生の場合は，団体申し込みをして，自分の通う学校や塾などで受験することが多いようです。

⦿ まず先生に聞いてみよう

小・中学生の場合は，自分の通っている学校や塾を通じて団体申し込みをする場合が多いので，まずは担任の先生や英語の先生に聞いてみましょう。
団体本会場（公開会場）申し込みの場合は，先生から願書（申し込み用紙）を入手します。必要事項を記入した願書と検定料は，先生を通じて送ってもらいます。試験日程や試験会場なども英検担当の先生の指示に従いましょう。
＊自分の通う学校や塾などで受験する「団体準会場受験」の場合，申し込みの際の願書は不要です。

⦿ 個人で申し込む場合はネット・コンビニ・書店で

個人で受験する場合は，次のいずれかの方法で申し込みます。

▶**インターネット**
英検のウェブサイト（https://www.eiken.or.jp/eiken/）から申し込む。

▶**コンビニエンスストア**
店内の情報端末機から直接申し込む。（くわしくは英検のウェブサイトをご覧ください。）

▶**書店**
英検特約書店（受付期間中に英検のポスターが掲示されています）に検定料を払い込み，「書店払込証書」と「願書」を英検協会へ郵送する。

申し込みなどに関するお問い合わせは，英検を実施している
公益財団法人 日本英語検定協会まで。
● 英検ウェブサイト　　　　　https://www.eiken.or.jp/eiken/
● 英検サービスセンター　　　☎03-3266-8311

＊英検ウェブサイトでは，試験に関する情報・入試活用校などを公開しています。

英検CSEスコアについて知っておこう！

● 英検CSEスコアのしくみ

英検の成績表は「英検CSEスコア」で示されます。これにより国際規格CEFRに対応したユニバーサルなスコア尺度で，英語力を測定することができます。一次試験では，Reading（読む），Writing（書く），Listening（聞く）の3技能ごとにスコアが算出され，総合得点が合格基準スコアを上回れば合格です。二次試験では Speaking（話す）のスコアが算出されます。

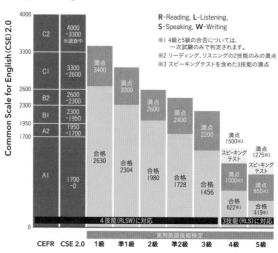

出典：「公益財団法人 日本英語検定協会ウェブサイト」より

● 「英検バンド」って何？

「英検バンド」とは，合格ラインから自分がどのくらいの位置にいるかを示す指標のこと。英検CSEスコアと合否をもとに判定するもので，各級の合格スコアを起点としてスコアを25点ごとに区切り，「＋1」や「－1」といった数値で表されます。これにより，合格ラインまでの距離がわかります。

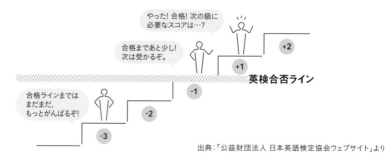

出典：「公益財団法人 日本英語検定協会ウェブサイト」より

当日の準備と流れを確認しよう!

初めて英検を受ける人の中には, 試験がどんなふうに行われるのか不安に思っている人もいると思います。このページでは, 試験当日の流れを順番に紹介します。これさえ読めばもう安心です!

● 当日の流れ

1 受付

▼ 当日は一次受験票または受験許可証を必ず持参しましょう。4級の場合は, 受験票を持っていれば, 受付での確認はしないので, そのまま教室へ向かいましょう。

2 教室へ移動

▼ 自分の受験する教室を確認し, 着席します。受験番号によって教室がちがうので, よく確認すること。席に着いたら, 受験票を机の上に出しておきましょう。また, 携帯電話・スマートフォンの電源は切っておきましょう。

3 冊子の配布

▼ 問題冊子と解答用紙が配られます。受験者心得の放送に従って, 解答用紙に必要事項を記入しましょう。

4 試験開始

▼ 試験監督の合図で筆記試験開始! 試験監督の指示に従い, 落ち着いてのぞみましょう。

一次試験　持ち物チェックリスト

この本でしっかり勉強したら，あとは試験日を待つだけ。でも，当日必要な受験書類などを忘れてしまっては，せっかくの努力が水の泡！　そんな事態を避けるためにも，持ち物をチェックし，試験本番に備えましょう。

必ず持っていくもの

- ◯　一次受験票，または受験許可証
- ◯　HBの黒鉛筆やシャープペンシル（ボールペンは不可）
- ◯　消しゴム
- ◯　上ばき

※団体準会場受験の場合は，受験票は手元にありませんので，先生の指示に従ってください。
※筆記用具は念のため，何本か用意しておくと安心です。

必要に応じて用意するもの

- ◯　腕時計（携帯電話・スマートフォンでの代用は不可）
- ◯　ハンカチ
- ◯　ティッシュ
- ◯　防寒用の服
- ◯
- ◯
- ◯

そのほか，自分で必要だと思ったものを書いておこう。

● その他の注意点！

試験が始まる前に，マークシート形式の解答用紙に氏名や個人番号などの必要事項を書きます。英検のウェブサイトで内容や書き方を確認しておくとよいでしょう。

英検®
過去問題集
2024年度

4級

解く前に知っておきたい！

問題別
英検®
攻略ガイド

筆記試験・リスニングテストについて 知っておこう!

英検4級の一次試験は, 筆記試験とリスニングテストに分かれています。解答はすべてマークシートに記入します。本書には解答用のマークシートが付いていますので, 本番までにマークシートの記入にも慣れておきましょう。

● 筆記試験は全部で35問

筆記試験は, 大問1から大問4まであります。
大問1は15問, 大問2は5問, 大問3は5問, 大問4は10問で, 全部で35問出題されます。

● リスニングテストは全部で30問

リスニングテストは, 第1部から第3部まであります。
第1部は10問, 第2部は10問, 第3部は10問で, 全部で30問出題されます。

● 試験時間は約65分

筆記試験は35分, リスニングテストは約30分で, 合計約65分で行われます。
筆記では, 1問を1分程度で解いていく必要があります。全部の問題に解答することができるように, 時間配分に注意しましょう。

● 身近な話題がよく出る

4級では, 家族, 学校, 趣味, スポーツ, 買い物など, 身近な話題が出題されます。
よく使われる単語や表現を確認しておくとよいでしょう。

次のページからは, それぞれの出題形式についてくわしく解説していきます。

大問

1 ▶ 短い文の穴うめ問題

形式

大問1では，短い文や会話文を読んで（　　）に適する単語や語句を，4つの選択肢から1つ選ぶ問題が15問出題されます。おもに単語と文法の知識が問われます。単語・熟語に関する問題が12問，文法に関する問題が3問出されることが多いです。

例題と攻略のポイント（単語の問題）

A: I (　　) your notebook, Ken. It was on the kitchen table.

B: Thanks, Jane.

  1　stayed　　 2　found　　 3　stopped　　 4　bought

1 ▷ 選択肢の意味を確認

問題文に目を通したら，選択肢を確認します。1「滞在した（stayの過去形）」，2「見つけた（findの過去形）」，3「止まった（stopの過去形）」，4「買った（buyの過去形）」という意味です。いずれも過去形であることにも注意します。

2 ▷ (　　) の前後関係に着目

次に，（　　）の前後関係を読み取ります。（　　）のあとの文の内容に着目します。「それは台所のテーブルの上にありました。」とあることから，2のfoundを入れるのが適切です。「あなたのノートを見つけた」となり，話がつながります。それぞれの語句を当てはめてみて，自然な文になっているかも確認するとよいでしょう。

例題の訳　A: きみのノートを（見つけた）よ，ケン。台所のテーブルの上にあったよ。

　　　　　B: ありがとう，ジェーン。

例題と攻略のポイント（熟語の問題）

A: Kate, come here at (　　) and help me. I can't open the bottle.

B: I'm coming, Grandpa.

  1　soon　　 2　fast　　 3　once　　 4　since

1 選択肢の意味を確認

問題文に目を通したら, 選択肢を確認します。1「すぐに」, 2「速く」, 3「1度」, 4「～以来」という意味です。

2 ( )の前後関係に着目

次に, ( )の前後の語句を確認し, 前にatがあることに着目します。atにつながる語を選択肢の中からさがします。at onceで「すぐに」という意味になるので, 3のonceが適切です。

例題の訳　A: ケイト, (すぐに)ここに来て, 手伝って。びんが開けられないんだ。
　　　　　B: 今, 行くよ, おじいちゃん。

例題と攻略のポイント（文法の問題）

My sister likes ( ) care of animals, so she wants to work at a zoo.
　　1　take　　　　　2　takes　　　　　3　taking　　　　　4　took

1 選択肢を確認

問題文に目を通したら, 選択肢を確認します。選択肢がtakeの変化形であることから, 動詞の形を選ぶ問題だと判断できます。

2 ( )の前の語句に着目

適する動詞の形を選ぶ問題では, ( )の前の語句に着目します。likesがあることから, 続く動詞の形を考えます。〈to＋動詞の原形〉か動詞のing形が続くと考えて, 選択肢から3のtakingを選びます。「私の姉[妹]は動物の世話をすることが好きなので, 彼女は動物園で働きたいと思っています。」という意味の文になります。文法の問題では, 選択肢から問われていることは何かを押さえるようにしましょう。

例題の訳　私の妹[姉]は動物の世話をすることが好きなので, 彼女は動物園で働きたいと思っています。

対策

4級でよく出る単語・熟語を覚えて語いを増やしましょう。単語を覚えるときには, 動詞の場合は過去形やing形, 形容詞・副詞の場合は比較変化など変化形もあわせて覚えておくとよいでしょう。熟語を覚えるときは, 意味だけでなく例文の形で覚えておくと, 使い方も理解できます。

4級では, 適切な動詞・be動詞・形容詞・副詞を選ばせる問題や助動詞を使った文がよく出されます。過去や未来の文など, よく出る文法事項を確認しておきましょう。

大問 2 会話文の穴うめ問題

形式

　大問2では, 会話文を読んで, （　）に適する文や語句を, 4つの選択肢の中から1つ選ぶ問題が5問出題されます。おもに会話の流れを読み取る力と, 会話表現の知識が問われます。

例題と攻略のポイント（適する応答を選ぶ問題）

　Man: Sara, good luck on the presentation today.
Woman: Thank you, Bill. （　）

　1　That's right. 　　　2　That's too bad.
　3　You, too. 　　　　4　Here you are.

1 選択肢の意味を確認

　会話文に目を通したら, 選択肢を確認します。1「その通りです。」, 2「それはお気の毒です。」, 3「あなたもね。」, 4「はい, どうぞ。」という意味です。いずれも日常会話でよく使われる表現なので, 意味と使われる場面を押さえておくとよいでしょう。1は相手に賛成するとき, 2は残念な話を聞いたとき, 3は相手にも同じことを伝えたいとき, 4は相手に物を手わたすときに使われます。
　次のような表現も覚えておきましょう。

相手の発言に対して同意・反対するとき

▶ I think so, too. （私もそう思います。）
▶ I don't think so. （私はそうは思いません。）
▶ Sounds good. （それはいいですね。）
▶ I'm not sure. （わかりません。）

道案内の場面で

▶ I'm not from here. （私はこの辺りの出身ではありません。）
▶ I'm a stranger here. （私はここは不案内です。）

2 会話の流れをつかむ

　「今日の発表がんばってね」と言われて, 「ありがとう」とお礼を言っているという会話の流れを押さえます。選択肢の中から自然な流れになる応答を選びます。相手にも発表をがんばってねと伝える, 3の「あなたもね。」が適切です。

男性：サラ，今日の発表，がんばってね。
女性：ありがとう，ビル。あなたもね。

例題と攻略のポイント（適する質問を選ぶ問題）

Boy1: That's a beautiful guitar. (　　)

Boy2: It's my father's. He bought it last year.

1　When was it?　　　2　Whose is it?

3　How is he?　　　　4　Where did he go?

1 選択肢の意味を確認

　会話文に目を通したら，選択肢を確認します。1「それはいつでしたか。」，2「それはだれのものですか。」，3「彼は元気ですか。」，4「彼はどこへ行きましたか。」という意味です。

2 (　　)の前後の文に着目

　(　　)の前後の文に着目します。ここでは，選択肢がすべて疑問詞で始まる疑問文であることから，空所のあとの答えの文に着目します。It's my father's. (それは私の父のものです。)と「だれのもの」であるかを答えていることから，持ち主をたずねるときに使うWhoseで始まっている2が適切です。Whenは「時」，Howは「様子・方法など」，Whereは「場所」をたずねるときに使います。空所の前後の文を読み取り，適切な文を選びましょう。

例題の訳

少年1：きれいなギターだね。それはだれのものですか。
少年2：ぼくの父親のものです。彼は去年それを買いました。

対策

　だれとだれの会話なのかを押さえ，どんな場面・状況で会話が行われているかを考えましょう。どのような受け答えをすると自然な会話になるかを，選択肢を当てはめて確かめてみるとよいでしょう。また，疑問詞で始まる疑問文とその答え方のパターンは押さえておきましょう。Can you ～?（～してくれますか。）/ Can I ～?（～してもよいですか。）/ Do you want to ～?（～しませんか。）などに対する応答など，日常会話でよく使われる表現も確認しておきましょう。

大問

3 語句の並べかえ問題

　大問3では，日本語の文の意味に合うように，英語の語句を並べかえて英文をつくる問題が5問出題されます。語句を並べかえて，2番目と4番目にくる語句の組み合わせを選ぶ形式です。英語の語順を正しく理解して英文がつくれるかが問われます。

例題と攻略のポイント

翔平は英語とイタリア語の両方を話すことができます。

(①　speak　　②　can　　③　both　　④　and　　⑤　English)

Shohei ◻◻ | 2番目 | ◻◻ | 4番目 | ◻◻ Italian.

1　④―①　　2　④―⑤　　3　②―③　　4　①―⑤

1 つくる文を確認

　日本文から，ふつうの文，疑問文，否定文，命令文など，どんな文を組み立てるのかを判断します。ここでは，「～することができます」という文なので，canの文を組み立てると判断できます。canのあとに動詞speakを続けます。

2 語句のまとまりをつくる

　次に，選択肢の語句をよく見て，語句のまとまりをつくります。「英語とイタリア語の両方」に着目します。「AとBの両方とも」はboth A and Bの形で表せるので，both English and Italianをひとまとまりにします。これをcan speakのあとに続けます。英文はShohei can speak both English and Italian.となり，②①⑤④という順序なので，4が適切です。

　英語の文は，「主語」のあとに「動詞」を続けるのが基本です。まずは，基本をしっかり押さえましょう。また，文末がピリオド(.)ならふつうの文・否定文を，クエスチョンマーク(?)なら疑問文をつくります。4級ではふつうの文のほか，いろいろな疑問文（一般動詞，be動詞，助動詞，疑問詞），否定文，比較級の文などの語順もしっかり確認しておきましょう。また，熟語にも注意して語順を考えるようにしましょう。

長文問題

形式
けいしき

　大問4では，A〜Cの3題の長文を読み，その内容についての質問に対する答えの文や，内容に合う文を完成させるのに適切なものを選ぶ問題が10問出題されます。

［4A（掲示・お知らせ）］の例題と攻略のポイント

　4Aは，**掲示・お知らせ**を読んで答える形式の問題です。学校や地域のイベントやお店のセールなどのお知らせの掲示がよく出され，問題は**2問**あります。

1⟩International Food Festival

Greenwood Town will have a special event.

2⟩**Date**: November 1 to 3

2⟩**Time**: 10 a.m. to 5 p.m.

2⟩**Place**: Wood Park

3⟩You can enjoy many kinds of food from all over the world. There will be a music concert in wood hall on November 2 at 4 p.m.

---

(26)　A music concert will start at

1　10 a.m. on November 3.　　　2　5 p.m. on November 1.

3　4 p.m. on November 2.　　　4　3 p.m. on November 2.

1⟩ タイトルをチェック

　1行目のタイトルから，**何についての掲示・お知らせか**を押さえましょう。

2⟩ 「日付」「時間」「場所」の情報をチェック

　掲示・お知らせでは，日時や場所，値段，料金などについての問題がよく出されるので，これらの情報を確認しておきましょう。

3⟩ くわしい内容をチェック

　お知らせのくわしい内容は，後半部分に書かれていることが多いです。どんなことが行われるのか，参加条件，連絡先などに注意して読み取りましょう。問い(26)は「音楽コンサートは…に始まります。」という意味なので，**最後の文に注目**して，選択肢3の「11月2日の午後4時」が適切です。

4 Bは，Eメールまたは手紙文を読んで答える形式の問題です。送信メールと返信メールを読む場合が多く，問題は3問あります。

From: Chris White
To: Mary Williams
1▷ Date: September 12
Subject: Basketball game

Hi Mary,
How are you? You know I'm on the basketball team at school. Our team has
2▷ a big game on Monday. And I'm going to play in the game. I think we will
win. Can you come to the gym?
Your friend,
Chris

(28) What will Chris do on Monday?
　　1　Go to Mary's house.　　2　Play in the basketball game.
　　3　Clean the gym.　　　　4　Practice at school.

1▷ ヘッダー部分をチェック

「だれが」「だれに」「何の用件」で送ったメールなのかを押さえましょう。

2▷ 「いつ」「だれが」「どこで」「何をする」のかをチェック

メール本文では，「いつ」「だれが」「どこで」「何をする」のかに注意しながら読み進めることが大切です。問い(28)は「クリスは月曜日に何をしますか。」という質問なので，月曜日のことについて書かれている部分をさがします。内容に合うのは選択肢2の「バスケットボールの試合でプレーする。」だとわかります。（実際には，返信メールに書かれた内容も問題に答えるヒントになることがあります。）

　4Cは，おもに中学生や高校生の日常生活をテーマにした長めの文章を読んで答える形式の問題です。問題は5問あります。

---

1 Jason's winter vacation

Jason is a high school student in America. He usually go to a foreign country with his parents in winter. Last week, they talked about vacation. Jason's father said, "Winter vacation will start soon. How about going to Australia this year?" Jason was excited and said, "I want to go skiing." Jason's mother said, "In January, there isn't any snow there."

---

(31)　What do Jason and his parents usually do in winter?
　　　1　They visit a high school.　　　2　They stay in Australia.
　　　3　They travel abroad.　　　　　4　They go skiing.

1 タイトルをチェック

　タイトルから長文のテーマをつかみましょう。

2 「いつ」「だれが」「どこで」「何をする」のかをチェック

　長文を読むときは，「いつ」「だれが」「どこで」「何をする」に加えて，「なぜ」「どのように」したのかということなどにも注意しながら読み進めることが大切です。
　問い(31)は「ジェイソンと彼の両親は，たいてい冬には何をしますか。」という質問で，内容として合うのは3「彼らは外国を旅行します。」となります。このように本文の表現が答えの選択肢では別の表現で言いかえられていることもあるので，注意して英文の内容を読み取りましょう。

読むときのポイント

　長文を読む前に問題文に目を通しておくと，読み取るべきポイントをつかむことができます。キーワードとなる言葉や大事なところを四角で囲んだり，下線をつけたりしてチェックしておくと，話の流れを整理することができ，また解答するときの見直しにも役立ちます。わからない単語や表現が出てきても，最後まで読み進めましょう。前後関係から意味を推測することもできます。
　また，長文を読むときは，his, theyなどの代名詞が何を指しているかに注意しましょう。代名詞が指す語はたいていその前に書かれています。また，thereなどの場所を表す語句が具体的にどこを指しているのかにも注意しましょう。

適切な応答を選ぶ問題

形式

リスニング第1部では、イラストを見ながら、A→B→Aの短い会話を聞いて、最後のAの発言に対するBの応答として最も適するものを選ぶ問題が10問出題されます。問題用紙に印刷されているのはイラストだけで、応答の選択肢も放送で読まれます。選択肢は3つあり、会話と応答の選択肢は2回読まれます。

例題と攻略のポイント

読まれる英文

A: Sally, can you help me?

B: Sure. What is it, Paul?

1 A: I don't have an eraser.

B: 1 Here, use mine.

2 2 I need a pencil.

3 You are here.

1 やり取りの最後の文に注意

2人のやり取りの最後の文に特に注意して聞き取るようにします。何かをお願いしているAが「消しゴムを持っていない。」と言っているので、それに続く応答としては「消しゴムを貸してあげる」といった内容になると予測することができます。

2 応答文を聞き取る

予測した内容に合う応答文が読まれるかを聞き取ります。Here, use mine.（はい、私のを使ってください。）と言っている1が適切です。会話と選択肢は2回読まれるので、最初で聞き取れなくてもあわてずに、落ち着いて2回目の放送を聞くようにしましょう。

対策

疑問詞で始まる疑問文や、依頼・許可・誘う・提案の表現などに対する応答がよく出るので、答え方を確認しておきましょう。また、電話、食事の注文、買い物の場面などで行われる会話も出されるので、これらの場面でよく使われる表現を覚えておきましょう。

会話についての質問に答える問題

形式

　リスニング第2部では，A→B→A→B（→A）のやや長い会話とその内容についての質問を聞いて，質問の答えとして適切なものを選ぶ問題が10問出題されます。問題用紙には4つの選択肢が印刷されています。会話と質問は2回読まれます。

例題と攻略のポイント

問題用紙の選択肢

1　1　She doesn't have enough money.　2　The jacket is too small.
　3　She doesn't like the color.　4　The jacket is too colorful.

読まれる英文

A: Excuse me. Would you show me another jacket?
B: Sure. Would you like a different size?
A: No, the size is fine. But I don't like the color.
B: OK, we have brown and white. Wait a moment, please.
2 **Question**: What is the woman's problem?

1 選択肢に目を通しておく

　問題用紙の選択肢に先に目を通して，質問される内容を予測しておくとよいでしょう。選択肢は，1は「彼女はお金を十分に持っていません。」，2は「ジャケットは小さすぎます。」，3は「彼女はその色が好きではありません。」，4は「ジャケットはカラフルすぎます。」という意味で，ジャケットの色やサイズがポイントになることがわかります。

2 Questionの内容を聞き取る

　Questionのあとに読まれる疑問詞を正確に聞き取ることが大切です。「女性の問題は何ですか。」という意味なので，女性（A）が男性（B）に伝えていることに注目します。女性は他のジャケットを見せてほしいと言っていて，サイズは問題ないが，色が好きではないと答えているので，3が適切です。

対策

　1度目の放送では，Questionの内容をよく聞き，問われていることは何かを押さえましょう。2度目の放送で，答えとなる部分に特に注意して聞き取るようにしましょう。

第3部 英文の内容についての質問に答える問題

形式

　リスニング第3部では, やや長い英文とその内容についての質問を聞いて, 質問の答えとして適切なものを選ぶ問題が10問出題されます。問題用紙には質問の答えとなる4つの選択肢が印刷されています。英文と質問は2回読まれます。

例題と攻略のポイント

問題用紙の選択肢

1. 1 Buy a camera.　　　　　　　2 Go to the museum.
   3 Look at some pictures.　　　4 Enter a contest.

読まれる英文

Sam likes to take pictures.　Next week, he will take part in a picture contest.　He wants to win the prize.

2. Question: What will Sam do next week?

1 選択肢に目を通しておく

　問題用紙の選択肢に先に目を通しておき, 質問される内容を予測しておきます。選択肢は, 1「カメラを買います。」, 2「美術館へ行きます。」, 3「写真を見ます。」, 4「コンテストに参加します。」という意味で, 「する」ことが聞き取りのポイントです。

2 Questionの内容を聞き取る

　Questionは「サムは来週何をしますか。」という意味なので, 「何」をするかに注目します。2文目で「写真のコンテストに参加する」と言っているので, 4が適切です。

第2部・第3部でよく出る質問文

▶ What are they talking about?　（彼らは何について話していますか。）

▶ What is the girl's problem?　（女の子の問題は何ですか。）

▶ When will the man go shopping?　（男性はいつ買い物に行きますか。）

▶ Where is the man talking?　（男性はどこで話していますか。）

▶ Why was the boy late?　（男の子はなぜ遅れたのですか。）

対策

　「だれ」が「何」をするのか, 話の流れを押さえながら聞きましょう。キーワードとなる言葉や, 数や曜日, 日付などが出てきたときはメモをしておくとよいでしょう。

スピーキングテストについて知っておこう！

4級では，一次試験（筆記とリスニング）に加えて，スピーキングテストも導入されました。テストは一次試験の合否に関係なく，申し込みをすれば全員が受験できます。

● なぜ始まったの？

日本の英語教育では，「読む」「聞く」「書く」「話す」の4技能をバランスよく伸ばし，使える英語力をつけることが，重要視されるようになってきました。4級でも「話す力」を測るために，2015年よりスピーキングのテストが追加されました。

● 4級の合否は，一次試験の結果のみで決まる

4級の級認定は，一次試験（筆記とリスニング）の結果のみで合否が判定されます。スピーキングテストの結果は4級の合否とは関係ありません。

● いつでも，どこでも受験できる（期間中1回のみ）

スピーキングテストを受験するときは，自宅や学校のパソコンなどからインターネットのスピーキングテストのサイトにアクセスしましょう。自分の都合に合わせていつでも受験することができます。

● テストの形式は？

パソコン（スマートフォン・タブレット）を使った録音形式で行われます。面接委員との対面式ではありません。スピーキングテストは，画面に提示された英文（パッセージ）の黙読・音読のあとに，英語の質問に答えるという形式で行われます。

スピーキングテストって
どんなことをするの？

● 4級スピーキングテストの流れ

1 問題カードの黙読（20秒間）

▼ 英文とイラストが画面に提示され, First, please read the passage silently for 20 seconds.（まず, 20秒間英文を声に出さずに読みなさい。）のように, 英文を黙読するように指示されます。音読に備え, 英文の意味を理解しておきましょう。

▶問題カードはイラストと, 文章部分passage（パッセージ）で構成されています。

次の英文の黙読と音読をしたあと, 質問に答えなさい。

Mike's Favorite Thing

Mike is in the art club. He goes to the club every Thursday. He is good at painting pictures of flowers. Mike wants to study art in Italy someday.

2 問題カードの音読

▼ 次に, All right. Now, please read it aloud.（では, 声に出して読みなさい。）のように, 英文を音読するように指示されます。意味のまとまりを意識して読むように心がけましょう。

3 問題カードを見ながら質問に答える

▼ 音読が終わると, 質問に移ります。質問には, 主語と動詞のある完全な文で答えるようにしましょう。What（何）やWhen（いつ）などのような疑問詞をしっかり聞き取ることがポイントです。

Questions

No.1 Please look at the passage.
When does Mike go to the art club?
No.2 Where does Mike want to go someday?
No.3 Please look at the picture. What is the girl doing?

4 あなた自身についての質問に答える

▼ Do you like sports?（あなたはスポーツが好きですか。）などのように, 受験者自身のことについて質問されます。質問には, 主語と動詞のある完全な文ではっきり答えるようにしましょう。

No.4 Do you want to go to Italy?
Yes.と答えた場合 → What do you want to do there?
No.と答えた場合 → What country do you want to go to?

スピーキングテストを
受けるための準備

ここでは, スピーキングテストを受験するにあたって, 必要なものや準備しておくものを紹介します。家や学校などで好きなときに受験できます。(ただし, 受験回数は, 1回の申し込みにつき1回のみ。)

必要なもの

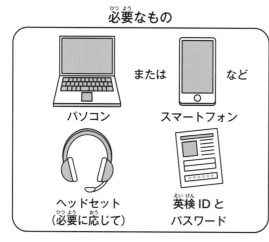

または   など

パソコン   スマートフォン

ヘッドセット   英検IDと
(必要に応じて)   パスワード

かかる時間

およそ
25分
(テスト自体は
4分です)

動作環境 について

英検のホームページでは, パソコンなどが正しく動作するかどうかを事前に確認することができます。

受験方法

1 ログインして, 受験する級を選ぶ

▼ ログインするときには, 英検IDとパスワードを入力します。

2 テスト前の動作環境をチェックする

▼ 通信環境, パソコンなどの動作環境などのチェックをします。
音量などの調節や, 録音できるかどうかの確認もします。

3 テストのそれぞれの画面についての説明を聞く

▼ テストで表示される画面や形式などについての説明を聞きます。
テストをどんな手順で進めればよいのかをしっかり確認しましょう。

4 テスト開始!

▼ 確認した手順に従って, テストを受けましょう。
あせらずに落ち着いて, テストにのぞみましょう。

これをやればOK！
とっておきアドバイス

⊙ **英文を読むときは，落ち着いてはっきりと**

音読するときには，速く読む必要はありません。スピードを意識しすぎず，はっきりとていねいに読むことを心がけましょう。

⊙ **文と文の間を少しあけて読む**

全部の文を区切りなく続けて読むのではなく，文と文の間やコンマ(,)のあとは，少し間をあけて読むようにしましょう。

⊙ **問題カードのイラストをよく見る**

質問では，イラストの内容に関することも問われます。イラストにはどんな人物・動物がいて，どこで何をしているかなどをよく確認しておきましょう。答えはカードの中にあるので，あせらずにイラストと文をよく見て答えましょう。

⊙ **一度で聞き取れなくてもあせらない**

「質問が聞き取れなかった！」と，あわてなくても大丈夫！　質問は，2回まで聞くことができます。落ち着いて，再度質問を聞くようにしましょう。質問を聞き取るときは，最初の疑問詞に注意して聞きましょう。

※スピーキングテストの内容は変更になる場合があります。最新の情報は，英検を実施している公益財団法人 日本英語検定協会 のウェブサイト https://www.eiken.or.jp/ を確認してください。

次のページから，実際に問題を解いてみよう。

英検 4 級

2023 年度
第 1 回

2023 年 6 月 4 日実施
［試験時間］筆記試験（35 分）リスニングテスト（約 29 分）

解答用マークシートを使おう。

解答と解説　本冊 p.003

トラック番号 1-34

1

次の(1)から(15)までの（　　）に入れるのに最も適切なものを 1, 2, 3, 4 の中から一つ選び，その番号のマーク欄をぬりつぶしなさい。

(1) John only had three (　　　　) today, so he got home at two o'clock.

    1 bicycles   **2** classes   **3** walls   **4** umbrellas

(2) My parents (　　　　) living in Canada over 50 years ago. They are from Japan.

    1 bought   **2** answered   **3** began   **4** climbed

(3) ***A*** : What did you do last night?

    B : I watched a good TV (　　　　) about birds.

    1 gym   **2** culture   **3** office   **4** program

(4) ***A*** : Be (　　　　) when you wash Dad's new car!

    B : I know. Dad and I are going to do it together.

    1 careful   **2** angry   **3** easy   **4** important

(5) My grandmother always walks her dog (　　　　) she has breakfast.

    1 since   **2** before   **3** so   **4** but

(6) ***A*** : When will we (　　　　) in Nagoya?

    B : At around nine o'clock.

    1 leave   **2** arrive   **3** become   **4** forget

(7) ***A*** : Do you read the (　　　　)?

    B : I usually read it on my smartphone.

    1 kitchen   **2** face   **3** news   **4** sheep

(8) Sally didn't (　　　　) home by ten o'clock last night, so her mother was angry.

    1 catch   **2** ask   **3** put   **4** come

(9) **A** : Where will you stay in Taiwan?

    B : I'll stay (   ) a friend. She is from Taiwan.

    1 with   **2** about   **3** into   **4** across

(10) **A** : Can you (   ) down, Mr. Adams? I can't understand English well.

    B : Sure.

    1 see   **2** tell   **3** slow   **4** listen

(11) **A** : Hello. I want to order some food.

    B : OK. Just a (   ).

    1 time   **2** moment   **3** club   **4** member

(12) James (   ) an idea for Ms. Takeuchi's goodbye party. She will be very surprised.

    1 touches   **2** understands

    3 buys   **4** has

(13) Chris was (   ) a magazine on the beach yesterday. He really enjoyed it.

    1 reading   **2** read   **3** to read   **4** reads

(14) **A** : There are many temples in my hometown, but this is the (   ) one.

    B : It's beautiful.

    1 much older   **2** as old

    3 oldest   **4** too old

(15) **A** : Who (   ) that picture of Grandma?

    B : I did when I was 10.

    1 draw   **2** drew   **3** draws   **4** drawing

2

次の(16)から(20)までの会話について、（　　）に入れるのに最も適切なものを 1, 2, 3, 4 の中から一つ選び、その番号のマーク欄をぬりつぶしなさい。

(16)　*Girl 1* : I got this new magazine yesterday. (　　　　)

　　　Girl 2 : Yeah! Thanks.

　　　1　How much is it?　　　　　**2**　Is this yours?

　　　3　Do you want to read it?　　**4**　When will you get here?

(17)　*Girl* : Which do you like better, cheesecake or cherry pie?

　　　Boy : Cherry pie. (　　　　) I have it every Sunday.

　　　1　I'm going shopping.　　　**2**　It's my favorite dessert.

　　　3　I eat cheese.　　　　　　**4**　I have some cherries.

(18)　　　*Son* : I cleaned my room, Mom.

　　　Mother : Great job! (　　　　)

　　　1　You didn't finish.　　　**2**　You can't buy that.

　　　3　It looks really nice.　　**4**　It's in a different room.

(19)　*Husband* : I'm going to have a cup of tea.　Would you like one, too?

　　　　　　Wife : (　　　　) I just had some tea.

　　　1　Sit down.　　　　　　**2**　No, thanks.

　　　3　I don't have any.　　　**4**　It's not mine.

(20)　*Mother* : Ted, I can't take you to your piano lesson today.

　　　　　Son : (　　　　)

　　　Mother : I have to meet Grandma at the airport.

　　　1　Why not?　　　　　　**2**　What time?

　　　3　Good job!　　　　　　**4**　Great idea!

3

次の(21)から(25)までの日本文の意味を表すように①から⑤までを並べかえて□□の中に入れなさい。そして、2番目と4番目にくるものの最も適切な組合せを1，2，3，4の中から一つ選び，その番号のマーク欄をぬりつぶしなさい。※ただし，（　）の中では、文のはじめにくる語も小文字になっています。

(21) マイクは久美と英語で話していました。

（① was ② Kumi ③ talking ④ in ⑤ with）

Mike ☐ ☐【2番目】 ☐ ☐【4番目】 ☐ English.

1 ③－① **2** ③－④ **3** ③－② **4** ①－⑤

(22) お母さん，明日は家の掃除をしなければいけませんか。

（① have ② we ③ clean ④ to ⑤ our）

Mom, do ☐ ☐【2番目】 ☐ ☐【4番目】 ☐ house

tomorrow?

1 ②－① **2** ⑤－① **3** ①－③ **4** ⑤－②

(23) 今日のテストは昨日のテストより難しかったです。

（① than ② was ③ difficult ④ more ⑤ test）

Today's ☐ ☐【2番目】 ☐ ☐【4番目】 ☐ yesterday's test.

1 ②－③ **2** ⑤－① **3** ①－⑤ **4** ②－④

(24) あなたはこのリストからプレゼントを選ぶことができます。

（① a present ② choose ③ from ④ can ⑤ you）

☐ ☐【2番目】 ☐ ☐【4番目】 ☐ this list.

1 ③－① **2** ④－① **3** ①－② **4** ⑤－②

(25) カルロス，あなたのお姉さんは何語を話しますか。

（① language ② your sister ③ does ④ speak ⑤ what）

Carlos, ☐ ☐【2番目】 ☐ ☐【4番目】 ☐ ?

1 ①－② **2** ③－① **3** ④－② **4** ③－⑤

次の掲示の内容に関して，(26)と(27)の質問に対する答えとして最も適切なもの，または文を完成させるのに最も適切なものを 1，2，3，4 の中から一つ選び，その番号のマーク欄をぬりつぶしなさい。

To All Students

There will be a guitar concert after school this week.

When: Friday, July 21, at 3:30 p.m.

Where: School cafeteria

The guitar club will play in a big music contest in August. This concert on Friday will be good practice for the guitar club members. They will play for 30 minutes. Come and enjoy!

(26) Where will the concert be on July 21?
1 In the school cafeteria.
2 In the guitar club's room.
3 In a concert hall.
4 In a music store.

(27) What will the guitar club members do in August?
1 Buy some guitars.
2 Practice with a new teacher.
3 Go to a music camp.
4 Play in a contest.

4B

次のEメールの内容に関して，⒅から㉚までの質問に対する答えとして最も適切なもの，または文を完成させるのに最も適切なものを 1，2，3，4 の中から一つ選び，その番号のマーク欄をぬりつぶしなさい。

From: Georgia Steele
To: Sam Harrison
Date: June 19
Subject: Science homework

Hi Sam,

How are you? I'm a little nervous because I don't understand our science homework. The homework is important for our science test on Friday, right? Mr. Blackwell told us that last week. I'm worried about the test. You always get good grades* in science. Can you help me with the homework after school on Tuesday?
Thank you,
Georgia

From: Sam Harrison
To: Georgia Steele
Date: June 20
Subject: Of course

Hi Georgia,

Sorry, I have baseball practice after school on Tuesday. But I want to help you. How about Wednesday afternoon? I'm free then. You should try to study by yourself, too. I know a good book. Maybe it'll help you. I'll bring it to school for you on Monday.
Your friend,
Sam

＊grade: 成績

(28) What is Georgia's problem?
  1 She didn't pass the science test.
  2 She doesn't understand the science homework.
  3 She got a bad grade in science.
  4 She can't help Sam with his homework.

(29) When is the science test?
  1 On Monday.
  2 On Tuesday.
  3 On Wednesday.
  4 On Friday.

(30) What does Sam say to Georgia?
  1 She should talk to the teacher.
  2 She should ask another friend for help.
  3 She should study by herself.
  4 She should bring a book to school.

次の英文の内容に関して，(31)から(35)までの質問に対する答えとして最も適切なもの，または文を完成させるのに最も適切なものを 1，2，3，4 の中から一つ選び，その番号のマーク欄をぬりつぶしなさい。

A New Pet

Annie lives in Dublin in Ireland. She is a high school student. Last month, Annie started a new part-time job. She loves animals, so she got a job as a dog walker.* She walks dogs after school on Wednesdays and Fridays for about two hours each day.

One day last week, Annie was walking home after work, and she saw a kitten* on the street. The kitten was very small and white. Annie was worried because it was alone, so she picked it up and took it home. Annie showed her mother the kitten. Her mother said, "We should try to find the owner.*"

Last weekend, Annie and her mother looked for the kitten's owner. They talked to many people, but no one knew about the kitten. On Sunday afternoon, Annie's mother said, "OK, we can keep the kitten," and Annie was very happy. They gave it a name, "Luna," and Annie loves her new pet.

*dog walker: 犬を散歩させる人

*kitten: 子猫

*owner: 飼い主

(31) What did Annie do last month?

   1   She met a volunteer.

   2   She bought a new pet.

   3   She started a new job.

   4   She made a new friend.

(32) When does Annie walk dogs?

   1   On Wednesdays and Fridays.

   2   On Saturday mornings.

   3   During the holidays.

   4   On Sunday afternoons.

(33) What did Annie find last week?

   1   A schoolbook.   **2**   A large dog.

   3   A white kitten.   **4**   A new toy.

(34) Annie and her mother

   1   bought a toy for the kitten.

   2   took the kitten to the animal doctor.

   3   looked for the kitten's owner.

   4   made a poster about the kitten.

(35) Why was Annie happy?

   1   She played with the kitten's mother.

   2   She could keep the kitten.

   3   She joined a club at school.

   4   She helped her teacher.

リスニングテスト

1 このテストには，第1部から第3部まであります。
◆英文は二度放送されます。

| 第1部 | イラストを参考にしながら対話と応答を聞き，最も適切な応答を 1，2，3 の中から一つ選びなさい。 |

| 第2部 | 対話と質問を聞き，その答えとして最も適切なものを 1，2，3，4 の中から一つ選びなさい。 |

| 第3部 | 英文と質問を聞き，その答えとして最も適切なものを 1，2，3，4 の中から一つ選びなさい。 |

2 No. 30 のあと，10秒すると試験終了の合図がありますので，筆記用具を置いてください。

第1部

Track 1〜11

〔例題〕

No. 1

No. 2

No. 3

No. 4

No. 5

No. 6

No. 7

No. 8

No. 9

No.10

No. 11	**1** At the bus stop.		**2** At school.	
	3 In her room.		**4** In the bathroom.	

No. 12
1 The boy's new trumpet.
2 The school festival.
3 A concert.
4 A new student.

No. 13
1 Open a window.
2 Check the weather.
3 Have a cold drink.
4 Put on a sweater.

No. 14
1 A convenience store.
2 A department store.
3 Her book.
4 Her library card.

No. 15	**1** Sleep.		**2** Play cards.	
	3 Go outside.		**4** Go home.	

No. 16	**1** 7:00.	**2** 7:10.
	3 7:15.	**4** 7:30.

No. 17	**1** A notebook.	**2** A pencil.
	3 A camera.	**4** A bike.

No. 18
1 He broke his tennis racket.
2 He forgot his tennis racket.
3 He lost the tennis match.
4 He was late for tennis practice.

No. 19	**1** On Monday.	**2** On Friday.
	3 On Saturday.	**4** On Sunday.

No. 20	**1** The boy.	**2** The boy's sister.
	3 The girl.	**4** The girl's sister.

No. 21

1 At an airport.	2 At a restaurant.	
3 At a station.	4 At a store.	

No. 22

1 Her father gave her a dress.
2 Her father watched a DVD.
3 Her father found some money.
4 Her father forgot her birthday.

No. 23

1 He took the bus.	2 He took the train.
3 He rode his bike.	4 He walked.

No. 24

1 Enter an art contest.
2 Look at some pictures.
3 Get a present.
4 Buy some pencils.

No. 25

1 Cook dinner.
2 Write a cookbook.
3 Eat at a restaurant.
4 Go to a cooking lesson.

No. 26

1 Matt.	2 Olivia.
3 Alice.	4 Ed.

No. 27
1 To a museum.
2 To the beach.
3 To a shopping mall.
4 To the library.

No. 28
1 Once a week.
2 Twice a week.
3 Three times a week.
4 Every day.

No. 29
1 She took pictures of her son.
2 She went to a flower festival.
3 She took an art class.
4 She bought a camera.

No. 30
1 A textbook. 2 A calendar.
3 A comic book. 4 A dictionary.

英検 **4** 級

2023 年度
第 2 回

2023 年 10 月 8 日実施
[試験時間] 筆記試験（35 分）リスニングテスト（約 29 分）

解答用マークシートを使おう。

解答と解説　本冊 p.033

トラック番号 35-68

1

次の(1)から(15)までの（　）に入れるのに最も適切なものを 1，2，3，4 の中から一つ選び，その番号のマーク欄をぬりつぶしなさい。

(1) The coach (　　　　) at the players during the soccer game.

    1 cared   **2** played   **3** shouted   **4** learned

(2) **A** : Thanks for the present, Alice. I really like it.

    B : I'm (　　　　) to hear that.

    1 tired   **2** glad   **3** sick   **4** nice

(3) James wants to talk about his favorite food at the speech (　　　　) next week.

    1 contest   **2** story   **3** classroom   **4** race

(4) This (　　　　) has a big park and many interesting museums.

    1 house   **2** post office **3** restaurant **4** town

(5) **A** : Did you buy your airplane (　　　　) to Taiwan?

    B : No. But I will buy it this weekend.

    1 sale   **2** ticket   **3** bag   **4** number

(6) My dad likes to listen to music on the (　　　　) in the car.

    1 singer   **2** kitchen   **3** clock   **4** radio

(7) **A** : I can't study tonight. I'm too (　　　　).

    B : David, you have a big test tomorrow. Please study a little before you go to bed.

    1 close   **2** warm   **3** pretty   **4** sleepy

(8) **A** : Jennifer, you (　　　　) to eat some vegetables before dessert.

    B : I know, Dad.

    1 must   **2** come   **3** go   **4** have

(9) *A* : Let's go to the beach.

  B : OK. I'll make us some food before we go, so please (   ) a minute.

  1 stand   **2** wait   **3** jump   **4** hurry

(10) *A* : Do you often cook?

  B : Yes. I make breakfast every morning, so I wake (   ) at six o'clock.

  1 down   **2** off   **3** up   **4** in

(11) Mary loves to take her dogs for a walk. She's (   ) to her pets.

  1 smart   **2** difficult   **3** kind   **4** happy

(12) *A* : Do you know this song?

  B : Yes. The last (   ) of this song is so exciting.

  1 part   **2** time   **3** ship   **4** clock

(13) *A* : I want to go to the movie theater this Saturday. Are you busy?

  B : I have a baseball game on Saturday, but I (   ) go on Sunday.

  1 am   **2** can   **3** had   **4** have

(14) *A* : Whose hat is this?

  B : Oh, that's (   ).

  1 I   **2** me   **3** my   **4** mine

(15) *A* : Will it rain tomorrow?

  B : I don't know. I'm going to (   ) on the Internet.

  1 check   **2** checks   **3** checking   **4** checked

次の(16)から(20)までの会話について、（　　）に入れるのに最も適切なものを 1，2，3，4 の中から一つ選び，その番号のマーク欄をぬりつぶしなさい。

(16) *Girl 1* : Let's have a Halloween party.

 Girl 2 : (　　　　　) I want to be a black cat.

 1　Nice to meet you.　　　　**2**　Welcome back.

 3　Sounds good.　　　　　　**4**　See you soon.

(17) *Teacher* : Do you like baseball, Vincent?

 Student : Yes, Mr. White.　(　　　　　) and I play it every weekend.

 1　It's not fun,　　　　　　**2**　I didn't do it,

 3　It's my favorite sport,　　**4**　I often wear it,

(18) *Clerk* : Your room number is 101.　(　　　　　)

 Man : Thank you.

 Clerk : Enjoy your stay.

 1　Here's your key.　　　　**2**　It closes at nine.

 3　My pleasure.　　　　　　**4**　That's a good idea.

(19) *Boy* : It's a beautiful day today.　What do you want to do?

 Girl : Let me see.　(　　　　)

 Boy : Good idea.

 1　How about playing tennis?

 2　How are you?

 3　How much is it?

 4　How is the weather?

(20) *Girl 1* : This is my new watch.　(　　　　)

 Girl 2 : I like it.

 1　What about you?　　　　**2**　What do you think?

 3　What are you doing?　　**4**　What time is it?

3

次の(21)から(25)までの日本文の意味を表すように①から⑤までを並べかえて[　　]の中に入れなさい。そして，2番目と4番目にくるものの最も適切な組合せを1，2，3，4の中から一つ選び，その番号のマーク欄をぬりつぶしなさい。※ただし，（　　）の中では，文のはじめにくる語も小文字になっています。

(21) 今日は雨が降っていたので，シンディはキャンプに行くことができませんでした。

（① camping　② because　③ go　④ it　⑤ couldn't）

Cindy [　] [2番目　] [　] [4番目　] [　] was raining today.

1　①－③　　　**2**　②－④　　　**3**　③－②　　　**4**　⑤－④

(22) 私が帰宅した時，兄はメールを書いていました。

（① e-mail　② was　③ my brother　④ writing　⑤ an）

[　] [2番目　] [　] [4番目　] [　] when I came home.

1　⑤－③　　　**2**　②－⑤　　　**3**　③－④　　　**4**　④－①

(23) 父は私の誕生日に，新しい自転車をくれました。

（① for　② gave　③ a new bike　④ me　⑤ my father）

[　] [2番目　] [　] [4番目　] [　] my birthday.

1　①－④　　　**2**　②－④　　　**3**　②－③　　　**4**　⑤－③

(24) ナンシーと私は昨夜，コンサートホールにいました。

（① the concert hall　② I　③ at　④ and　⑤ were）

Nancy [　] [2番目　] [　] [4番目　] [　] last night.

1　④－③　　　**2**　④－⑤　　　**3**　②－①　　　**4**　②－③

(25) 今日の午後，あなたに電話してもいいですか。

（① this　② may　③ you　④ I　⑤ call）

[　] [2番目　] [　] [4番目　] [　] afternoon?

1　④－③　　　**2**　①－③　　　**3**　⑤－①　　　**4**　③－①

次の掲示の内容に関して，(26)と(27)の質問に対する答えとして最も適切なもの，または文を完成させるのに最も適切なものを 1，2，3，4 の中から一つ選び，その番号のマーク欄をぬりつぶしなさい。

Sterlington Zoo
January News

See amazing animals at our zoo!

White Tigers

Two white tigers will come from Blackriver Zoo on January 5. They're almost six months old. Their names are Nela and Lulu.

Brown Bear

A brown bear will arrive at Sterlington Zoo on January 12. His name is Bobby, and he's almost two years old.

(26) How old are the white tigers?

1 Almost two months old.

2 Almost six months old.

3 Almost two years old.

4 Almost five years old.

(27) When will the brown bear come to Sterlington Zoo?

1 On January 2.

2 On January 5.

3 On January 6.

4 On January 12.

次のＥメールの内容に関して，(28)から(30)までの質問に対する答えとして最も適切なもの，または文を完成させるのに最も適切なものを 1，2，3，4 の中から一つ選び，その番号のマーク欄をぬりつぶしなさい。

From: Paul Keller
To: Jenny Peterson
Date: September 7
Subject: New club

....

Hello Jenny,

The school has a new chess club! I learned how to play chess last summer. My grandfather taught me. Now, I play with my sister every Sunday. I joined the club because I want to be good at chess. Why don't you join the club, too? Students must sign up* by next Tuesday. The club members meet every Wednesday afternoon.

See you tomorrow,

Paul

From: Jenny Peterson
To: Paul Keller
Date: September 8
Subject: Yes!

....

Hi Paul,

I want to join the chess club, too! My brother and I sometimes play chess. Our dad taught us the rules. But my brother doesn't like chess very much, so I don't play often. I want to play more, so I'll sign up for the club tomorrow.

See you,

Jenny

*sign up: 参加登録をする

(28) The chess club members meet
   1 on Mondays.
   2 on Tuesdays.
   3 on Wednesdays.
   4 on Sundays.

(29) Who taught Jenny how to play chess?
   1 Her grandfather.
   2 Her sister.
   3 Her father.
   4 Her brother.

(30) Why does Jenny want to join the chess club?
   1 She wants to play chess more.
   2 She wants to play chess with Paul's sister.
   3 She wants to win a tournament.
   4 She wants to win a game with her brother.

次の英文の内容に関して，(31)から(35)までの質問に対する答えとして最も適切なもの，または文を完成させるのに最も適切なものを 1，2，3，4 の中から一つ選び，その番号のマーク欄をぬりつぶしなさい。

Andrew's New Teacher

Andrew started high school last year. In December, he took some tests. He got high scores in math, English, and science. But he got a low score on his history test, so his parents were worried. His father said, "You must study harder." But Andrew didn't like studying history.

In January, a new history teacher came to Andrew's school. She took Andrew's class to interesting places to learn about history. They went to a castle in April and a history museum in May. In class, her students wrote reports about famous people from history. Andrew's friend Sally wrote about an artist, and his friend Bill wrote about a king. Andrew wrote about a famous scientist.

Andrew told his parents about his new teacher. He said, "I want to study more about history." Andrew's mother said, "You should go to the library. It has many books and videos about history." Now, Andrew goes to the library every Saturday morning.

(31) Why were Andrew's parents worried?
1 Andrew only wanted to study history.
2 Andrew arrived at the history museum late.
3 Andrew got a low score on a test.
4 Andrew was late for a class.

(32) Andrew's class went to a castle in
1 January.
2 April.
3 May.
4 September.

(33) Who wrote a report about a king?
1 Sally.
2 Bill.
3 Andrew.
4 Andrew's teacher.

(34) Who told Andrew about the library?
1 His father.
2 His mother.
3 His teacher.
4 His friend.

(35) What does Andrew do every Saturday morning?
1 He plays with his friends.
2 He works at the bookshop.
3 He goes to the library.
4 He goes to school.

リスニングテスト

1 このテストには，第1部から第3部まであります。
◆英文は二度放送されます。

第1部	イラストを参考にしながら対話と応答を聞き，最も適切な応答を1，2，3の中から一つ選びなさい。
第2部	対話と質問を聞き，その答えとして最も適切なものを1，2，3，4の中から一つ選びなさい。
第3部	英文と質問を聞き，その答えとして最も適切なものを1，2，3，4の中から一つ選びなさい。

2 No. 30のあと，10秒すると試験終了の合図がありますので，筆記用具を置いてください。

第1部

Track 35〜45

〔例題〕

No. 1

No. 2

No. 3

No. 4

No. 5

No. 6

No. 7

No. 8

No. 9

No.10

No. 11
1 A bookstore.
2 A dictionary.
3 A travel magazine.
4 A French restaurant.

No. 12
1 Buy a new bag.   2 Make her lunch.
3 Close a window.   4 Wash her lunchbox.

No. 13
1 To the movies.   2 To Japan.
3 To school.   4 To the airport.

No. 14
1 One dollar each.
2 Two dollars each.
3 Four dollars each.
4 Five dollars each.

No. 15
1 He was tired.
2 He watched TV.
3 He studied hard at school.
4 He wanted to get up early.

No. 16	1	The girl's band.
	2	The girl's guitar.
	3	The boy's birthday.
	4	The boy's trip to Italy.

No. 17	1	Look for a job.
	2	Help at her parents' restaurant.
	3	Help with cleaning the house.
	4	Have coffee with a friend.

| No. 18 | 1 | Strawberries. | 2 | Pancakes. |
| | 3 | Butter. | 4 | Blueberries. |

| No. 19 | 1 | Frank. | 2 | Jill. |
| | 3 | Frank's sister. | 4 | Jill's sister. |

| No. 20 | 1 | Two weeks ago. | 2 | Two months ago. |
| | 3 | Last year. | 4 | Yesterday. |

No. 21	1 For five days.	2 For one week.
	3 For two weeks.	4 For one year.

No. 22
1 His favorite sport.
2 His family trip.
3 His favorite animal.
4 His new car.

No. 23
1 He found a bag.
2 He found a sweater.
3 He lost his baseball.
4 He lost his cap.

No. 24	1 Her teacher.	2 Her brother.
	3 Her mother.	4 Her father.

No. 25
1 This afternoon.
2 Tonight.
3 Tomorrow morning.
4 Tomorrow afternoon.

No. 26	1	He cooked some food.
	2	He drew some pandas.
	3	He took pictures.
	4	He gave food to animals.

| No. 27 | 1 Some curry. | 2 Some dessert. |
| | 3 Some chicken. | 4 Some beef. |

No. 28	1	Children's clothes.
	2	Men's clothes.
	3	Women's clothes.
	4	Toys.

No. 29	1	Meet his friends at the park.
	2	Go to baseball practice.
	3	Go on a school trip.
	4	Go on a camping trip.

| No. 30 | 1 At 8:15. | 2 At 8:30. |
| | 3 At 9:15. | 4 At 9:30. |

英検 4 級

2022 年度
第 1 回

2022 年 6 月 5 日実施
［試験時間］筆記試験（35 分）リスニングテスト（約 29 分）

解答用マークシートを使おう。

解答と解説　本冊 p.063

トラック番号 69-102

1

次の(1)から(15)までの（　　）に入れるのに最も適切なものを 1, 2, 3, 4 の中から一つ選び，その番号のマーク欄をぬりつぶしなさい。

(1) **A** : How much time do we have before the (　　　　) train comes?

B : About five minutes.

1　lost　　　　2　clear　　　　3　next　　　　4　heavy

(2) **A** : How long did you play tennis today?

B : (　　　　) two hours.

1　For　　　　2　Since　　　　3　With　　　　4　Through

(3) **A** : Oh no! I wrote the wrong date. Can I use your (　　　　)?

B : Sure. Here you go.

1　belt　　　　2　eraser　　　　3　coat　　　　4　map

(4) In winter, the (　　　　) is very cold in some cities in Canada.

1　hometown　2　address　　3　problem　　4　temperature

(5) Every year, I (　　　　) flowers to my grandmother. Her birthday is on Christmas Day.

1　send　　　　2　keep　　　　3　believe　　　　4　forget

(6) **A** : I'm so (　　　　), but I need to finish my homework.

B : Go to bed and wake up early tomorrow.

1　sleepy　　　　2　local　　　　3　boring　　　　4　rich

(7) **A** : Can we go shopping this weekend, Mom?

B : Let's go on Sunday. I'm (　　　　) on Saturday.

1　fast　　　　2　weak　　　　3　busy　　　　4　careful

(8) *A* : You're running too fast. Can you slow (　　　　　), please?

　　 B : Sure.

　　 1　down　　　**2**　about　　　**3**　long　　　**4**　often

(9) *A* : Turn off the TV. Come here (　　　　) once and help me.

　　 B : OK, Mom.

　　 1　as　　　　**2**　at　　　　**3**　in　　　　**4**　of

(10) Ms. Barton has a good (　　　　) for the school concert. She
　　 wants to speak to us after class.

　　 1　way　　　　**2**　side　　　**3**　idea　　　**4**　rice

(11) *A* : Let's watch the news together, Grandpa.

　　 B : Just a (　　　　). I'll get my glasses.

　　 1　trouble　　**2**　lesson　　**3**　moment　　**4**　pocket

(12) *A* : Your brother looks (　　　　) a famous singer.

　　 B : Really? I'll tell him.

　　 1　on　　　　**2**　about　　　**3**　like　　　**4**　to

(13) *A* : Where are you going?

　　 B : I'm going (　　　　) video games at Joe's house.

　　 A : Come home before dinner.

　　 1　to play　　**2**　played　　**3**　playing　　**4**　plays

(14) My uncle likes (　　　　) people, so he became a police officer.

　　 1　help　　　**2**　helps　　**3**　helping　　**4**　helped

(15) *A* : (　　　　) I put this hat in a box for you, sir?

　　 B : Yes, please. It's a present for my son.

　　 1　Shall　　　**2**　Does　　　**3**　Have　　　**4**　Be

2

次の(16)から(20)までの会話について，（　）に入れるのに最も適切なものを 1，2，3，4 の中から一つ選び，その番号のマーク欄をぬりつぶしなさい。

(16) **Daughter** : I went swimming at the city pool today.

Father : That sounds fun. (　　　)

Daughter : No, I walked.

1 Is it new?　　　　　　　　2 Did you take the bus?

3 Can I come with you?　　　4 Was it sunny?

(17) **Son** : Do you want to play this computer game with me, Mom?

Mother : (　　　)

Son : Don't worry.　It's easy.

1 I bought one, too.　　　　2 I use one at work.

3 It looks really difficult.　4 It's my favorite game.

(18) **Wife** : This curry is really delicious. (　　　)

Husband : Of course.　Here you are.

1 How did you make it?　　2 Can I have some more?

3 How much was it?　　　　4 Can you do it for me?

(19) **Boy 1** : How many students are there in the English club?

Boy 2 : (　　　)

Boy 1 : Wow!　That's a lot.

1 Only five dollars.　　　　2 Twice a week.

3 At 2:45.　　　　　　　　4 About 30.

(20) **Mother** : Do you want something to eat, Chris?

Son : Yes, please. (　　　)

1 You can use mine.　　　　2 I'd like some potato chips.

3 It's by the supermarket.　4 I'll ask her a question.

3

次の(21)から(25)までの日本文の意味を表すように①から⑤までを並べかえて ____ の中に入れなさい。そして，2番目と4番目にくるものの最も適切な組合せを 1，2，3，4 の中から一つ選び，その番号のマーク欄をぬりつぶしなさい。※ただし，（　）の中では，文のはじめにくる語も小文字になっています。

(21) あなたの新しい住所を教えてください。

（① me　② new　③ your　④ address　⑤ tell ）

Please ☐ |2番目☐ ☐ |4番目☐ ☐ .

1 ①－②　　**2** ④－②　　**3** ③－①　　**4** ⑤－④

(22) スミス先生，私達は数学のテストに電卓が必要ですか。

（① for　② we　③ a calculator　④ need　⑤ do ）

Mr. Smith, ☐ |2番目☐ ☐ |4番目☐ ☐ the math test?

1 ②－③　　**2** ③－②　　**3** ④－②　　**4** ⑤－④

(23) ピアノの練習を止めてお茶にしましょう。

（① practicing　② stop　③ and　④ the piano　⑤ have ）

Let's ☐ |2番目☐ ☐ |4番目☐ ☐ some tea.

1 ①－③　　**2** ①－④　　**3** ⑤－②　　**4** ⑤－①

(24) メグは演劇部のメンバーですか。

（① of　② a member　③ the drama club　④ Meg　⑤ is ）

☐ |2番目☐ ☐ |4番目☐ ☐ ?

1 ①－②　　**2** ②－③　　**3** ③－②　　**4** ④－①

(25) 私たちは日本対アメリカの野球の試合を見に行きました。

（① between　② the baseball game　③ Japan　④ see　⑤ and ）

We went to ☐ |2番目☐ ☐ |4番目☐ ☐ the United States.

1 ②－④　　**2** ⑤－①　　**3** ②－③　　**4** ④－①

次のお知らせの内容に関して，⑵⑹と⑵⑺の質問に対する答えとして最も適切なもの，または文を完成させるのに最も適切なものを 1，2，3，4 の中から一つ選び，その番号のマーク欄をぬりつぶしなさい。

Enjoy a Great Night of Music

Kingston High School Guitar Club will have a concert.

Date:	Saturday, May 3
Time:	6 p.m. to 8 p.m.
Place:	School gym
Tickets:	$5 for students
	$10 for parents

Everyone can have some snacks and drinks in the school cafeteria after the concert. The gym will open at 5 p.m.

---

(26) How much is a ticket for students?

    1 $2.

    2 $5.

    3 $7.

    4 $10.

---

(27) What can people do after the concert?

    1 Play the guitar.

    2 Run in the school gym.

    3 Listen to some CDs.

    4 Eat and drink in the cafeteria.

次のＥメールの内容に関して，⑵⑻から⑶⑽までの質問に対する答えとして最も適切なもの，または文を完成させるのに最も適切なものを 1，2，3，4 の中から一つ選び，その番号のマーク欄をぬりつぶしなさい。

From: David Price
To: Elle Price
Date: August 10
Subject: Homework

Dear Grandma,

How was your trip to the beach last week? Can you help me? I need some old family photos. I want to use them for my history class. You have a lot of pictures, right? Can I visit you this Saturday and get some? I like the pictures of my dad. He was young then.
Love,
David

From: Elle Price
To: David Price
Date: August 11
Subject: Your visit

Hi David,

I really enjoyed my trip. I'll go shopping on Saturday, but you can come on Sunday afternoon. Also, can you help me in the garden* then? I'm growing tomatoes. We can pick some, and I'll make tomato soup for you. You can take some tomatoes home and give them to your mother. She can use them to make salad.
Love,
Grandma

---

*garden: 菜園（さいえん）

(28) David needs to
1 read a history book.
2 buy a new camera.
3 get some family photos.
4 draw a picture of his father.

(29) What will David's grandmother do on Saturday?
1 Go shopping.
2 Take a trip to the beach.
3 Make salad.
4 Visit David's house.

(30) What does David's grandmother say to David?
1 She will buy lunch for him.
2 She will make tomato soup for him.
3 She doesn't like tomatoes.
4 She wants to talk to his mother.

次の英文の内容に関して，(31)から(35)までの質問に対する答えとして最も適切なもの，または文を完成させるのに最も適切なものを 1，2，3，4 の中から一つ選び，その番号のマーク欄をぬりつぶしなさい。

New Friends

Sam is in his first year of college. His college is far from home, so he usually studies at the library on weekends. At first, he was bored and lonely.

One day, a girl in Sam's history class spoke to him. She said, "My name is Mindy. Do you want to go camping with me and my friends this weekend?" Sam said, "Sure!"

It was Sam's first time to go camping. On Friday, he borrowed a special backpack* and a sleeping bag* from Mindy. She told Sam, "Bring some warm clothes. My friends have tents." Sam thought, "We'll get very hungry." So, he put a lot of food in the backpack.

On Saturday, they walked up Razor Mountain. Sam's backpack was heavy, so he was tired. Mindy's friends cooked dinner on the campfire,* and everyone was happy because Sam brought a lot of food. Sam had fun, and they made plans to go camping again.

*backpack: リュックサック

*sleeping bag: 寝袋

*campfire: キャンプファイア

(31) What does Sam usually do on weekends?
1 He works at his college.
2 He studies at the library.
3 He cooks dinner. 4 He stays at Mindy's house.

(32) On Friday, Sam
1 borrowed a backpack and a sleeping bag from Mindy.
2 made lunch for Mindy and her friends.
3 studied for a history test with Mindy.
4 went shopping with Mindy's friends.

(33) What did Mindy say to Sam?
1 He should bring warm clothes.
2 He should buy a new tent.
3 He should get some shoes.
4 He should get a map.

(34) Why was Sam tired?
1 He didn't sleep very well.
2 He didn't eat enough food.
3 His backpack was heavy.
4 The mountain was very big.

(35) Why were Mindy and her friends happy?
1 Sam made lunch for them.
2 Sam started a campfire.
3 Sam made plans for a party.
4 Sam brought a lot of food.

リスニングテスト

1 このテストには，第1部から第3部まであります。
◆英文は二度放送されます。

| 第1部 | イラストを参考にしながら対話と応答を聞き，最も適切な応答を1，2，3の中から一つ選びなさい。 |

| 第2部 | 対話と質問を聞き，その答えとして最も適切なものを1，2，3，4の中から一つ選びなさい。 |

| 第3部 | 英文と質問を聞き，その答えとして最も適切なものを1，2，3，4の中から一つ選びなさい。 |

2 No. 30のあと，10秒すると試験終了の合図がありますので，筆記用具を置いてください。

第1部

Track 69〜79

〔例題〕

No. 1

No. 2

No. 3

No. 4

No. 5

No. 6

No. 7

No. 8

No. 9

No.10

No. 11

1 The boy.

2 The girl.

3 The boy's grandparents.

4 The girl's grandparents.

No. 12

1 Visit a zoo.

2 Get a pet cat.

3 Play with his friend.

4 Go to the store.

No. 13

1 He went to bed late last night.

2 He washed his dog.

3 He went for a run.

4 He got up early this morning.

No. 14

1 Sing in a concert.　2 Go shopping.

3 Watch a movie.　4 Buy a jacket.

No. 15

1 In the man's bag.　2 In the car.

3 At home.　4 In the boat.

| No. 16 | 1 Two. | 2 Six. |
| | 3 Eight. | 4 Ten. |

No. 17	1 She didn't do her homework.
	2 She can't find her locker.
	3 Her blue jacket is dirty.
	4 Her pen is broken.

| No. 18 | 1 A book. | 2 An art museum. |
| | 3 A trip. | 4 A school library. |

| No. 19 | 1 Soup. | 2 Pizza. |
| | 3 Spaghetti. | 4 Curry. |

| No. 20 | 1 At 4:00. | 2 At 4:30. |
| | 3 At 6:00. | 4 At 6:30. |

No. 21	1 From a supermarket.
	2 From her friend.
	3 From her parents.
	4 From her garden.

| No. 22 | 1 A smartphone. | 2 A cake. |
| | 3 A phone case. | 4 A book. |

| No. 23 | 1 Tonight. | 2 Tomorrow night. |
| | 3 Next Friday. | 4 Next year. |

| No. 24 | 1 The girl. | 2 The girl's mother. |
| | 3 The girl's father. | 4 The girl's brother. |

No. 25	1 Go fishing.
	2 Make cards for her friends.
	3 Get ready for a trip.
	4 Go to school early.

No. 26	1	His hobby.
	2	His art class.
	3	His favorite sport.
	4	His brother's camera.

No. 27	1	Once a week.
	2	Twice a week.
	3	Three times a week.
	4	Every day.

No. 28	1	He makes dinner.
	2	He cooks breakfast.
	3	He makes a cake.
	4	He goes to a restaurant.

No. 29	1	To visit his friend.
	2	To meet a famous person.
	3	To watch a soccer game.
	4	To see some buildings.

| No. 30 | 1 | One. | 2 | Two. |
| | 3 | Three. | 4 | Four. |

英検 4 級

2022 年度
第 2 回

2022 年 10 月 9 日実施
[試験時間] 筆記試験（35 分）リスニングテスト（約 29 分）

解答用マークシートを使おう。

解答と解説　本冊 p.093

トラック番号 103-136

1

次の(1)から(15)までの（　）に入れるのに最も適切なものを 1, 2, 3, 4 の中から一つ選び、その番号のマーク欄をぬりつぶしなさい。

(1) **A** : Did you (　　　　) your mother about going to the movie?

　　B : Yes. I can go with you.

　　1 watch　　**2** make　　**3** ask　　**4** get

(2) In many countries, Christmas Day is a popular holiday, and many children get (　　　) on this day.

　　1 subjects　　**2** sounds　　**3** rooms　　**4** presents

(3) **A** : What will you do this weekend?

　　B : I'll move to a new (　　　　). It's bigger, so I'm happy.

　　1 apartment　**2** band　　**3** race　　**4** painting

(4) Wendy often (　　　　) some fruit to eat after lunch.

　　1 meets　　**2** brings　　**3** sits　　**4** falls

(5) **A** : Do you want to go camping this weekend? The weather will be great, so we can see many (　　　) at night.

　　B : That sounds great.

　　1 pens　　**2** dishes　　**3** stars　　**4** teams

(6) Canada has many (　　　　) parks and lakes. Many people visit there in summer.

　　1 beautiful　**2** tired　　**3** easy　　**4** necessary

(7) **A** : Can you cut this bread with this (　　　　)?

　　B : Sure.

　　1 bridge　　**2** picnic　　**3** rest　　**4** knife

(8) The members of the baseball team ( ) catch for 15 minutes during every practice.

1 hold   **2** play   **3** want   **4** say

(9) The new English teacher from Australia was kind ( ) all the students in the class.

1 of   **2** at   **3** to   **4** as

(10) *A* : Is there a good movie ( ) TV tonight?

B : Yes. It's about a young dancer.

1 on   **2** for   **3** by   **4** after

(11) Rick often ( ) a long walk with his dog early in the morning.

1 calls   **2** listens   **3** shows   **4** takes

(12) *A* : What do you ( ) of my chocolate chip cookies?

B : They're great.

1 think   **2** sing   **3** open   **4** come

(13) James ( ) go to today's baseball game because he hurt his leg.

1 won't   **2** isn't   **3** hasn't   **4** don't

(14) My sister and I came home from school at noon. My mother made lunch for ( ).

1 our   **2** we   **3** us   **4** their

(15) *A* : Grandma is still ( ), so don't watch TV.

B : OK, Mom.

1 sleeps   **2** sleeping   **3** slept   **4** sleep

2

次の(16)から(20)までの会話について，（　　）に入れるのに最も適切なものを 1，2，3，4 の中から一つ選び，その番号のマーク欄をぬりつぶしなさい。

(16) **Father** : Come to the dining room, Tim. (　　　　)

　　　Son : OK, Dad.　I'm coming.

　　1　It's a new house.　　　　**2**　I like your bedroom.

　　3　It's not for you.　　　　**4**　Lunch is ready.

(17) **Girl 1** : Does our swimming race start soon?

　　Girl 2 : Yes, in five minutes. (　　　　)

　　Girl 1 : Thanks.　You, too.

　　1　That's fast.　　　　**2**　Not this time.

　　3　In the pool.　　　　**4**　Good luck.

(18) **Student** : Where did you go during your summer vacation, Ms.
　　　　　　　Richards?

　　Teacher : (　　　　)　I go fishing there every summer.

　　1　In my living room.　　　　**2**　To Lake Belmore.

　　3　In spring.　　　　**4**　For five days.

(19) **Girl 1** : How was your sister's birthday party?

　　Girl 2 : It was fun. (　　　　)

　　Girl 1 : Wow!　That's a lot.

　　1　There were 30 people there.　　**2**　It started late.

　　3　I forgot my gift.　　　　**4**　You can come with us.

(20) 　　**Mother** : Jenny, can you help me in the kitchen?

　　Daughter : (　　　　)　Mom.　I just need to send this e-mail
　　　　　　　　first.

　　1　It's your computer,　　　　**2**　We had dinner,

　　3　Just a minute,　　　　**4**　I like it,

3

次の(21)から(25)までの日本文の意味を表すように①から⑤までを並べかえて□□の中に入れなさい。そして，2番目と4番目にくるものの最も適切な組合せを 1，2，3，4 の中から一つ選び，その番号のマーク欄をぬりつぶしなさい。※ただし，（　）の中では，文のはじめにくる語も小文字になっています。

(21) あなたのパスポートを見せていただけますか。

(① passport　② may　③ your　④ I　⑤ see)

	2番目		4番目	

, please?

1 ④－③　　**2** ②－③　　**3** ⑤－①　　**4** ③－①

(22) 私は時間がある時，朝食を作ります。

(① I　② when　③ time　④ breakfast　⑤ have)

I make | | 2番目 | | 4番目 | | .

1 ④－①　　**2** ①－②　　**3** ④－③　　**4** ②－⑤

(23) 私の父は英語とフランス語の両方を話すことができます。

(① English　② can　③ both　④ speak　⑤ and)

My father | | 2番目 | | 4番目 | | French.

1 ②－④　　**2** ②－③　　**3** ④－①　　**4** ④－⑤

(24) その漫画はまったく面白くありませんでした。

(① at　② not　③ the comic book　④ interesting　⑤ was)

| | 2番目 | | 4番目 | | all.

1 ①－⑤　　**2** ②－①　　**3** ③－④　　**4** ⑤－④

(25) アダムの家は本屋の隣です。

(① next　② is　③ house　④ the bookstore　⑤ to)

Adam's | | 2番目 | | 4番目 | | .

1 ⑤－①　　**2** ②－⑤　　**3** ④－①　　**4** ①－③

次のお知らせの内容に関して，(26)と(27)の質問に対する答えとして最も適切なもの，または文を完成させるのに最も適切なものを 1, 2, 3, 4 の中から一つ選び，その番号のマーク欄をぬりつぶしなさい。

Soccer Day Camp for
Junior High School Students

Come to our camp if you're interested in soccer!

Dates: July 12 to July 16

Time: 10:30 to 15:00

Place: Silverton Junior High School

Cost: $30

You'll meet two famous soccer players from the Silverton Fighters at the camp. To join, send an e-mail to Mike Webb before June 12.

infosoccer@silverton.jhs

(26) When is the last day of the soccer day camp?

1 June 12.

2 June 16.

3 July 12.

4 July 16.

(27) At the camp, students will

1 receive e-mails from the Silverton Fighters.

2 watch a movie with Mike Webb.

3 meet famous soccer players.

4 get a free soccer ball.

次のＥメールの内容に関して，(28)から(30)までの質問に対する答えとして最も適切なもの，または文を完成させるのに最も適切なものを 1，2，3，4 の中から一つ選び，その番号のマーク欄をぬりつぶしなさい。

From: Carol Miller
To: Dennis Little
Date: January 16
Subject: Snow festival

....

Hi Dennis,
Smallville will have a special event! There will be a snow festival for six days, from February 2 to 7. On February 6, there will be an ice sculpture* contest. The winner will get $200. I want to go that day and see the sculptures. Tickets are $10 each. Do you want to go?
Your friend,
Carol

From: Dennis Little
To: Carol Miller
Date: January 17
Subject: Let's go!

....

Hi Carol,
I want to see the sculptures, but I'll go skiing with my family on February 5 and 6. I looked at the festival's website. We can still see the sculptures on February 7. They'll also have a snowman contest that day. Tickets are $5 each, and the winner gets $100. Let's join!
Talk to you soon,
Dennis

*ice sculpture: 氷の彫刻

(28) How long will the snow festival be?
1 Two days.
2 Five days.
3 Six days.
4 Seven days.

(29) What will Dennis do on February 5?
1 Go skiing.
2 Make sculptures.
3 Visit a festival.
4 Build a website.

(30) The winner of the snowman contest will get
1 $5.
2 $10.
3 $100.
4 $200.

次の英文の内容に関して，(31)から(35)までの質問に対する答えとして最も適切なもの，または文を完成させるのに最も適切なものを 1，2，3，4 の中から一つ選び，その番号のマーク欄をぬりつぶしなさい。

Piano Lessons

Last month, Katherine's parents went to a wedding in Hawaii. Katherine couldn't go, so she stayed at her grandmother's house for one week. On the first day, she missed her parents and felt sad. Her grandmother's house didn't have the Internet, and her grandmother watched old TV shows.

The next morning, Katherine heard music. It was coming from the living room. Katherine's grandmother was playing the piano. Katherine said, "Grandma, can you teach me?" Her grandmother looked very excited. She said, "Many years ago, I taught your mother to play the piano, too." They practiced for three hours every day, and Katherine learned four songs.

On Friday, Katherine's parents came back from their trip. They gave Katherine's grandmother some souvenirs,* and Katherine played two songs for them. Katherine's father was happy. Katherine's mother said, "You should visit your grandmother more often." Now, Katherine wants to learn more songs, so she will visit her grandmother next month, too.

*souvenir: お土産

(31) How long did Katherine stay at her grandmother's house?
1 For one day.　　2 For three days.
3 For one week.　　4 For one month.

(32) How did Katherine feel on the first day?
1 Tired.　　2 Excited.
3 Happy.　　4 Sad.

(33) Many years ago, Katherine's grandmother taught the piano to
1 Katherine's father.
2 Katherine's mother.
3 Katherine's uncle.
4 Katherine's friends.

(34) What did Katherine do on Friday?
1 She learned a new song.
2 She practiced for four hours.
3 She went to a wedding.
4 She played the piano for her parents.

(35) Why will Katherine visit her grandmother next month?
1 Her mother has to work.
2 Her parents will go on a trip.
3 She wants to learn more songs.
4 She will give her grandmother a gift.

リスニングテスト

1 このテストには，第1部から第3部まであります。
◆英文は二度放送されます。

第1部 イラストを参考にしながら対話と応答を聞き，最も適切な応答を 1，2，3 の中から一つ選びなさい。

第2部 対話と質問を聞き，その答えとして最も適切なものを 1，2，3，4 の中から一つ選びなさい。

第3部 英文と質問を聞き，その答えとして最も適切なものを 1，2，3，4 の中から一つ選びなさい。

2 No. 30 のあと，10秒すると試験終了の合図がありますので，筆記用具を置いてください。

第1部

Track 103〜113

〔例題〕

No. 1

No. 2

No. 3

No. 4

No. 5

No. 6

No. 7

No. 8

No. 9

No.10

No. 11
1 To watch a concert.
2 To practice with the band.
3 To do his homework.
4 To clean his classroom.

No. 12
1 The bus didn't come.
2 The train stopped.
3 She couldn't find her phone.
4 She took the wrong bus.

No. 13
1 Visiting her grandfather.
2 Walking the dog.
3 Cooking lunch.
4 Watching TV.

No. 14
1 The boy's.
2 The boy's mother's.
3 Her own.
4 Her mother's.

No. 15
1 Buy a map.
2 Send a card.
3 Call his uncle.
4 Use the computer.

No. 16	1	Their basketball coach.
	2	Their new TV.
	3	A basketball game.
	4	A new teacher.

No. 17	1	To meet his classmate.
	2	To meet his mother.
	3	To buy a notebook.
	4	To buy some Spanish food.

| No. 18 | 1 | Jim's. | 2 | Maria's. |
| | 3 | Sam's. | 4 | Ms. Clark's. |

No. 19	1	On Saturday morning.
	2	On Saturday afternoon.
	3	On Sunday morning.
	4	On Sunday afternoon.

| No. 20 | 1 | One. | 2 | Two. |
| | 3 | Three. | 4 | Four. |

| **No. 21** | 1 | In a school. | 2 | In a hotel. |
| | 3 | In a café. | 4 | In a train station. |

No. 22
1 Watching a sumo tournament.
2 Going sightseeing.
3 Taking a Japanese bath.
4 Eating sushi.

No. 23
1 He went to a party.
2 He visited his friend.
3 He stayed at home.
4 He went to a hospital.

No. 24
1 Visit her grandfather.
2 Make a doll.
3 Go to a toy store.
4 Buy a doll.

No. 25
1 She didn't clean the kitchen.
2 She didn't buy a present.
3 She forgot to use sugar.
4 She forgot to buy a cake.

No. 26	1 On Wednesday.
	2 On Thursday.
	3 On Friday.
	4 On the weekend.

No. 27	1 At school.
	2 By the front door.
	3 In her father's car.
	4 In her room.

No. 28	1 Once a month.
	2 Twice a month.
	3 Once a week.
	4 Twice a week.

| **No. 29** | 1 A sweater. | 2 A scarf. |
| | 3 A dress. | 4 A shirt. |

| **No. 30** | 1 Salad. | 2 Cookies. |
| | 3 Drinks. | 4 Potato chips. |

英検 **4** 級

2022 年度
第 3 回

2023 年 1 月 22 日実施
[試験時間] 筆記試験（35 分）リスニングテスト（約 29 分）

解答用マークシートを使おう。

解答と解説　本冊 p.123

トラック番号 137-170

1

次の(1)から(15)までの（　　）に入れるのに最も適切なものを 1, 2, 3, 4 の中から一つ選び、その番号のマーク欄をぬりつぶしなさい。

(1) John's teacher was (　　　　) because John forgot to do his homework again.

    1 rich   **2** easy   **3** angry   **4** ready

(2) New York has many famous art (　　　　), so I want to visit there someday.

    1 museums   **2** doors   **3** towels   **4** pools

(3) My mother and father first (　　　　) in high school.

    1 found   **2** met   **3** bought   **4** put

(4) The city (　　　　) is very busy on weekends. It has many interesting books.

    1 gym   **2** mountain   **3** garden   **4** library

(5) Learning languages is (　　　　) for Takeru because he often travels to other countries.

    1 useful   **2** cold   **3** full   **4** clean

(6) **A** : I'll (　　　　) myself. My name is Jeff, and I'm from Australia.
B : Hi, Jeff. I'm Martin.

    1 run   **2** introduce   **3** ask   **4** listen

(7) Many temples in Japan have a long (　　　　).

    1 forest   **2** time   **3** country   **4** history

(8) **A** : (   ) up, Dad! The movie will start soon.

B : OK.

1 Cut   **2** Find   **3** Hurry   **4** Read

(9) **A** : Let's go. We'll be (   ) for the bus. It'll leave in five minutes.

B : OK.

1 late   **2** fast   **3** glad   **4** sure

(10) Dan will (   ) a train to the airport because he doesn't have a car.

1 arrive   **2** take   **3** sleep   **4** close

(11) At a party, Shelly (   ) some new friends. They will go to a movie on the weekend.

1 said   **2** cooked   **3** made   **4** forgot

(12) **A** : Will you be in Vancouver for the weekend?

B : Yes, we'll stay (   ) my friend's place.

1 as   **2** to   **3** on   **4** at

(13) **A** : (   ) sport is more popular at your school, baseball or soccer?

B : Baseball.

1 Which   **2** Whose   **3** Where   **4** Who

(14) Keiko can swim faster (   ) her classmates.

1 for   **2** and   **3** than   **4** because

(15) When Ben (   ) going home on the train yesterday, he saw his old friend.

1 be   **2** was   **3** were   **4** is

2

次の(16)から(20)までの会話について，（　　）に入れるのに最も適切なものを 1，2，3，4 の中から一つ選び，その番号のマーク欄をぬりつぶしなさい。

(16)　**Boy** : Today's science homework is difficult.

　　Girl : I know.　（　　　　　）

　　Boy : Yes, let's.

　　1　Is it yours?

　　2　Do you want to do it together?

　　3　Are there many students?

　　4　Did you find the teacher?

(17)　**Boy** : There's a rainbow!

　　Girl : Wow, （　　　　　） Let's take a picture.

　　1　it's really pretty.　　　　**2**　I can't see it.

　　3　I got a new one.　　　　**4**　it's not here.

(18)　**Boy 1** : I called you last night, but （　　　　　） Where were you?

　　Boy 2 : I went to watch a baseball game.

　　1　I don't like sports.　　　**2**　it wasn't my phone.

　　3　you weren't at home.　　**4**　you lost my bat.

(19)　**Son** : The spaghetti was delicious.　Thanks, Mom.

　　Mother : You're welcome.　（　　　　　）

　　Son : No, I'm full.

　　1　Can I try it?　　　　　**2**　Did you make it?

　　3　Is it in the kitchen?　　**4**　Are you still hungry?

(20)　**Man 1** : Mark, what time is it?

　　Man 2 : It's 4:30.

　　Man 1 : Oh, （　　　　　） It's time for the meeting.

　　1　I wasn't there.　　　　**2**　I don't know his name.

　　3　we must go now.　　　**4**　we had lunch at the café.

3

次の(21)から(25)までの日本文の意味を表すように①から⑤までを並べかえて[　　]の中に入れなさい。そして，2番目と4番目にくるものの最も適切な組合せを 1，2，3，4 の中から一つ選び，その番号のマーク欄をぬりつぶしなさい。※ただし，（　　）の中では，文のはじめにくる語も小文字になっています。

(21) 彰子は先月，土曜日に働かなくてはなりませんでした。

（① Saturdays　② had　③ on　④ to　⑤ work）

Akiko [　　　|　2番目　|　　　|　4番目　|　　　] last month.

1　①－③　　　**2**　①－⑤　　　**3**　④－②　　　**4**　④－③

(22) ピーターはサッカーの試合の前にボールを蹴る練習をしました。

（① the ball　② kicking　③ the soccer game　④ practiced　⑤ before）

Peter [　　　|　2番目　|　　　|　4番目　|　　　] .

1　①－③　　　**2**　②－⑤　　　**3**　③－②　　　**4**　④－②

(23) トーマスは昨日オフィスの近くで有名な歌手を見ました。

（① near　② a famous singer　③ his　④ saw　⑤ office）

Thomas [　　　|　2番目　|　　　|　4番目　|　　　] yesterday.

1　②－④　　　**2**　②－③　　　**3**　③－①　　　**4**　③－⑤

(24) ジャックはいつ映画を見に行く予定ですか。

（① Jack　② when　③ see　④ is　⑤ going to）

[　　　|　2番目　|　　　|　4番目　|　　　] the movie?

1　②－①　　　**2**　②－③　　　**3**　④－③　　　**4**　④－⑤

(25) 私の夢はパイロットになることです。

（① to　② dream　③ is　④ be　⑤ a pilot）

My [　　　|　2番目　|　　　|　4番目　|　　　] .

1　③－④　　　**2**　③－②　　　**3**　①－⑤　　　**4**　⑤－②

4A

次の掲示の内容に関して，(26)と(27)の質問に対する答えとして最も適切なもの，または文を完成させるのに最も適切なものを 1，2，3，4 の中から一つ選び，その番号のマーク欄をぬりつぶしなさい。

Class Trip to Golden Park

On June 17, Mr. Grant's class will go to Golden Park by bus. The students can play soccer and borrow bikes there. After lunch, we'll clean the park.

Please meet at the school gate at 8 a.m.

- Please bring lunch and a large garbage bag.
- You should wear a hat or a cap.

(26) How will the students go to Golden Park?

1 By car.

2 By subway.

3 By bus.

4 By bike.

(27) Where will the students meet at 8 a.m. on June 17?

1 At the school gate.

2 At Golden Park.

3 At a soccer stadium.

4 At Mr. Grant's house.

次のＥメールの内容に関して，⑵から⑶までの質問に対する答えとして最も適切なもの，または文を完成させるのに最も適切なものを 1，2，3，4 の中から一つ選び，その番号のマーク欄をぬりつぶしなさい。

From: James Ryan
To: Norma Ryan
Date: January 14
Subject: Cake

....

Dear Grandma,

How are you? I was happy to see you last Sunday at Aunt Jenny's house. I forgot to ask you something then. It's my friend's birthday on Wednesday next week. I want to make a cake for him next Tuesday after school. He loves chocolate cake, and your cake is the best! Could you send me your recipe*?

Your grandson,

James

From: Norma Ryan
To: James Ryan
Date: January 14
Subject: No problem

....

Hello James,

Sure. I'll write down the chocolate cake recipe for you. I'll see your father on Friday. I'll give him the recipe then, and he can give it to you at home. You should put the cake in the fridge* on Tuesday night. Please ask me if you have any questions.

Love,

Grandma

*recipe: レシピ
*fridge: 冷蔵庫

(28) Who will James make a cake for?
1 His teacher.
2 His father.
3 His grandmother.
4 His friend.

(29) When does James want to make a cake?
1 Next Tuesday.
2 Next Wednesday.
3 Next Friday.
4 Next Sunday.

(30) What does James's grandmother say to James?
1 He should ask his parents for help.
2 He should put the cake in the fridge.
3 He should buy some chocolate.
4 He should send her a recipe.

次の英文の内容に関して，(31)から(35)までの質問に対する答えとして最も適切なもの，または文を完成させるのに最も適切なものを 1, 2, 3, 4 の中から一つ選び，その番号のマーク欄をぬりつぶしなさい。

Hannah's New Hobby

Hannah is a high school student from Sydney, Australia. Every year, Hannah goes on a trip with her family. Last January, they traveled to Fiji. Their hotel was next to a beautiful beach. The water was warm, and there were interesting fish in it. Hannah enjoyed looking at the fish.

One day, Hannah's mother asked, "Do you want to take a surfing* class with me?" Hannah said, "Yes, but it'll be my first time." Her mother said, "Don't worry. The teacher will help you."

The next day, they took a surfing class. The teacher was kind, and the class was fun. Hannah was happy when she stood up on her surfboard.* After the class, Hannah looked for other surfing schools on the Internet. She found one school in Sydney and decided to take surfing lessons there. Hannah likes surfing very much, and she can't wait to practice more.

*surfing: サーフィン
*surfboard: サーフボード

(31) What did Hannah do last January?
1 She went to Fiji.
2 She began high school.
3 She visited Sydney.
4 She went fishing.

(32) What did Hannah enjoy doing at the beach?
1 Swimming in the sea.
2 Playing with her family.
3 Doing her homework.
4 Looking at the fish.

(33) What did Hannah's mother say to Hannah?
1 She will buy Hannah a surfboard.
2 The teacher will teach Hannah about surfing.
3 She is worried about surfing.
4 The surfing teacher is good.

(34) When was Hannah happy?
1 When she fell into the water.
2 When she stood up on the surfboard.
3 When her teacher was kind to her.
4 When she got her surfboard.

(35) What did Hannah do after the surfing class?
1 She asked her mother for a surfboard.
2 She learned to surf in Fiji.
3 She found a surfing school in Sydney.
4 She talked to her friends on the Internet.

リスニングテスト

1 このテストには，第1部から第3部まであります。
◆英文は二度放送されます。

| 第1部 | イラストを参考にしながら対話と応答を聞き，最も適切な応答を 1，2，3 の中から一つ選びなさい。 |

| 第2部 | 対話と質問を聞き，その答えとして最も適切なものを 1，2，3，4 の中から一つ選びなさい。 |

| 第3部 | 英文と質問を聞き，その答えとして最も適切なものを 1，2，3，4 の中から一つ選びなさい。 |

2 No. 30 のあと，10秒すると試験終了の合図がありますので，筆記用具を置いてください。

第1部

Track 137～147

〔例題〕

No. 1

No. 2

No. 3

No. 4

No. 5

No. 6

No. 7

No. 8

No. 9

No.10

No. 11
1 To eat at a restaurant.
2 To buy her father a present.
3 To see a basketball game.
4 To get new shoes.

No. 12
1 Go to a movie.
2 Cook Mexican food.
3 Eat dinner.
4 Look for a new TV.

No. 13
1 John's.
2 Sally's.
3 John's mother's.
4 Sally's friend's.

No. 14
1 He ate too much.
2 He had a cold.
3 He went to bed late.
4 He doesn't like pizza.

No. 15
1 $15.
2 $20.
3 $25.
4 $50.

No. 16
1 It is windy.
2 It is warm.
3 It is raining.
4 It is snowing.

| No. 17 | 1 His sweater. | 2 His umbrella. |
| | 3 His house key. | 4 His raincoat. |

| No. 18 | 1 The black ones. | 2 The red ones. |
| | 3 The green ones. | 4 The blue ones. |

| No. 19 | 1 Jack. | 2 Ms. Norton. |
| | 3 The girl. | 4 Ms. Norton's son. |

| No. 20 | 1 Today. | 2 Tomorrow. |
| | 3 Next week. | 4 Next month. |

No. 21
| 1 | Math. | 2 | English. |
| 3 | History. | 4 | Science. |

No. 22
1 Her walk.
2 Working at a café.
3 Making lunch.
4 Cleaning her house.

No. 23
1 At a baseball stadium.
2 In a school gym.
3 At a sports store.
4 In the teachers' room.

No. 24
| 1 | Next Tuesday. | 2 | Next Thursday. |
| 3 | Next Saturday. | 4 | Next Sunday. |

No. 25
| 1 | Spanish. | 2 | French. |
| 3 | German. | 4 | English. |

No. 26
| 1 | At 2:00. | 2 | At 3:00. |
| 3 | At 7:00. | 4 | At 12:00. |

No. 27	1 Cherry.	2 Strawberry.
	3 Chocolate.	4 Vanilla.

No. 28	1 His trip.
	2 His pet bird.
	3 His weekend plans.
	4 His favorite museum.

No. 29	1 Baseball is his favorite sport.
	2 His friend is on the team.
	3 There is no tennis team.
	4 There is a game next week.

No. 30	1 At 7:00.	2 At 7:10.
	3 At 7:50.	4 At 8:00.

英検 **4** 級

合格力
チェックテスト

［試験時間］筆記試験（35分）リスニングテスト（約29分）

解答用マークシートを使おう。

解答と解説　本冊 P.153

トラック番号171-204

4級 合格力チェックテスト

1

次の(1)から(15)までの（　）に入れるのに最も適切なものを 1, 2, 3, 4 の中から一つ選び, その番号のマーク欄をぬりつぶしなさい。

(1) John is learning two (　　　), French and Chinese, at school.

    1 parks   **2** schools   **3** stages   **4** languages

(2) *A* : How much is a (　　　) for the movie?

    B : It's 12 dollars.

    1 ticket   **2** time   **3** star   **4** theater

(3) *A* : How did you (　　　) the letter?

    B : By express mail.

    1 write   **2** send   **3** open   **4** take

(4) *A* : How many students are there in your school?

    B : A little over one (　　　) students.

    1 number   **2** classroom   **3** thousand   **4** kilometer

(5) *A* : Hi. My name is Mandy, and I'm from Australia.

    B : Really? I'm (　　　) from Australia, and my name is John.

    1 again   **2** such   **3** always   **4** also

(6) *A* : Robert, do your homework (　　　) dinner.

    B : All right, Mom.

    1 into   **2** on   **3** before   **4** to

(7) Jack is from a small ( ), but he lives in a big city now.

1 size　　2 bridge　　3 trip　　4 village

(8) Peter's class took a bus tour to the beach. They ( ) a very good time there.

1 played　　2 took　　3 had　　4 spoke

(9) This is a very famous festival. Many people come from all ( ) the world.

1 during　　2 over　　3 with　　4 until

(10) Kate added a few ( ) of fruit on the cake last. It was delicious.

1 plants　　2 stops　　3 arms　　4 kinds

(11) My father ( ) up very early every morning. He goes jogging before breakfast.

1 waits　　2 wakes　　3 finds　　4 catches

(12) Children often ( ) catch in this park.

1 show　　2 take　　3 play　　4 stand

(13) Henry and his sister are going to go hiking tomorrow. But Henry's brother ( ) go because he has a lot of homework.

1 won't　　2 isn't　　3 don't　　4 aren't

(14) Kathy ( ) a glass when she was washing the dishes.

1 broke　　2 breaks　　3 will break　　4 to break

(15) I like baseball ( ) than soccer.

1 good　　2 well　　3 better　　4 best

2

次の(16)から(20)までの会話について，（　）に入れるのに最も適切なものを 1，2，3，4 の中から一つ選び，その番号のマーク欄をぬりつぶしなさい。

(16) **Boy** : Did you buy any good books at the bookstore?

Girl : Yes, I bought some. （　　　）

  1　For three hours.　　　　**2**　Here they are.

  3　I forgot them.　　　　　**4**　I got lost.

(17) **Father** : How was your school festival, Anne?

Daughter : （　　　） Dad.　Many people came and watched our play.

  1　It wasn't cold,　　　　**2**　I don't know,

  3　It was a lot of fun,　　**4**　I'll visit there,

(18) **Girl** : You look good today, Chris. （　　　）

Boy : Thank you.　I think I can get out of the hospital soon.

  1　Who is your doctor?　　**2**　When did you come here?

  3　What's the matter?　　　**4**　How do you feel?

(19) **Boy** : I need a bike to go to the convenience store. （　　　）

Girl : No problem.　It's in front of the house.

  1　May I use yours?　　　**2**　Can you drive a car?

  3　Is it far from here?　　**4**　How many bikes do you have?

(20) **Girl** : When do you practice soccer, Bill?

Boy : （　　　） I like playing soccer very much.

  1　I can play that.　　　　**2**　About two years now.

  3　On Saturdays and Sundays.　**4**　No, I won't.

3

次の(21)から(25)までの日本文の意味を表すように①から⑤までを並べかえて ☐ の中に入れなさい。そして、2番目と4番目にくるものの最も適切な組合せを 1, 2, 3, 4 の中から一つ選び、その番号のマーク欄をぬりつぶしなさい。

(21) 昨日彼らは、学校からその公園の動物園まで歩いて行きました。

(① the zoo ② the school ③ from ④ to ⑤ walked)

Yesterday, they ☐ ☐(2番目) ☐ ☐(4番目) ☐ in the park.

1 ③－④   **2** ⑤－④   **3** ⑤－①   **4** ③－②

(22) 私の姉はピアノを弾くのがとても上手です。

(① very ② at ③ is ④ good ⑤ playing)

My sister ☐ ☐(2番目) ☐ ☐(4番目) ☐ the piano.

1 ①－②   **2** ④－③   **3** ①－⑤   **4** ②－④

(23) 私の町では、お城より博物館のほうが有名です。

(① than ② famous ③ the castle ④ more ⑤ is)

The museum ☐ ☐(2番目) ☐ ☐(4番目) ☐ in my town.

1 ②－④   **2** ⑤－①   **3** ④－①   **4** ③－②

(24) けさ早く、雨が降り始めました。

(① to ② began ③ this ④ rain ⑤ early)

It ☐ ☐(2番目) ☐ ☐(4番目) ☐ morning.

1 ①－⑤   **2** ④－②   **3** ⑤－③   **4** ①－②

(25) 祖父は私たちに彼の旅行の写真を見せてくれました。

(① us ② his trip ③ the pictures ④ of ⑤ showed)

My grandfather ☐ ☐(2番目) ☐ ☐(4番目) ☐ .

1 ③－①   **2** ③－④   **3** ④－②   **4** ①－④

次の掲示の内容に関して，(26)と(27)の質問に対する答えとして最も適切なもの，または文を完成させるのに最も適切なものを 1，2，3，4 の中から一つ選び，その番号のマーク欄をぬりつぶしなさい。

Learn to Draw Pictures

Come to our art class. You can learn to draw better pictures with us. Lessons are on Tuesday afternoons for three months. Each lesson has something different to draw such as dogs, mountains or flowers.

We will display* the best drawing at the city library for a month.

For more information, speak with Mrs. Cobb at the school office.

*display：〜を展示する

(26) How often do they have lessons?

    1 Once a week.

    2 Twice a week.

    3 Once a month.

    4 Three times a month.

(27) Who can you talk with about the class?

    1 The art students.

    2 Mrs. Cobb.

    3 The city library staff.

    4 Workers at the flower shop.

次のEメールの内容に関して，(28)から(30)までの質問に対する答えとして最も適切なもの，または文を完成させるのに最も適切なものを 1，2，3，4 の中から一つ選び，その番号のマーク欄をぬりつぶしなさい。

From: Debbie Smith
To: Saori Yamada
Date: April 19
Subject: Making paper cranes*

Hi Saori,
Today, I learned to make *origami*. I made cranes with paper. Of course, you can do it, too, right? I also learned that if you make 1,000 of them, it brings good luck. Let's make them together next Saturday or Sunday. We can take them to the baseball team. They have a big tournament* next month.
Your friend,
Debbie

From: Saori Yamada
To: Debbie Smith
Date: April 21
Subject: Paper cranes

Hi Debbie,
I told my brother about the paper cranes. He can make them, too, and he will join us. Then we can finish making 1,000 cranes quickly. We will come to your house together. Sunday is better for us. Our school's baseball team won the final game last year. I hope they will win again this year, too.
Thanks,
Saori

*crane：鶴　　*tournament：大会

(28) What did Debbie do on April 19?

   1　Made Japanese paper.

   2　Finished making 1,000 paper cranes.

   3　Made cranes with paper.

   4　Joined the baseball team.

(29) Where will Debbie, Saori and her brother do the work?

   1　At the baseball team's room.

   2　At school.

   3　At Debbie's house.

   4　At Saori's house.

(30) Debbie will see Saori and her brother

   1　next Saturday.

   2　next Sunday.

   3　next month.

   4　next year.

次の英文の内容に関して，(31)から(35)までの質問に対する答えとして最も適切なもの，または文を完成させるのに最も適切なものを 1，2，3，4 の中から一つ選び，その番号のマーク欄をぬりつぶしなさい。

Planting* Flowers around the School

Judy is a new student at a junior high school in Japan. She came to Japan a month ago. She has many friends in her class now.

Last Saturday, May 10, everyone in her class joined the "Plant Flowers Around School" festival. At 10:00, they met on the school ground. They made teams of five students. The plan was to plant flowers around the school ground and the soccer field.

At the beginning of the event, workers from a garden center* planted some flowers. Judy and the other students watched and learned from them. Each team got fifty flowers to plant, garden tools and two buckets* for water. There were about ten kinds of flowers. Judy enjoyed planting the flowers very much.

At 12:30, they finished everything. After lunch, Judy and her team members walked around the school to see the flowers. They felt happy because their school was now beautiful.

*plant：〜を植える　　*garden center：園芸店　　*bucket：バケツ

(31) When did Judy come to Japan?
1 Last Saturday.   2 Last week.
3 Last month.   4 Last year.

(32) How many people were there on each team?
1 Two.   2 Five.
3 Ten.   4 Fifty.

(33) Before the students started to plant flowers,
1 their teacher made a speech.
2 workers from a garden center planted flowers.
3 they visited a garden center.
4 they had lunch.

(34) What happened at 12:30?
1 They met on the ground.
2 They started planting flowers.
3 They finished the event.
4 They left school.

(35) Why did Judy and her team members walk around the school?
1 To choose flowers.   2 To look at the flowers.
3 To take pictures of the flowers.
4 To give water to the flowers.

リスニングテスト

1

このテストには，第1部から第3部まであります。
◆英文は二度放送されます。

第1部　イラストを参考にしながら対話と応答を聞き，最も適切な応答を 1，2，3 の中から一つ選びなさい。

第2部　対話と質問を聞き，その答えとして最も適切なものを 1, 2, 3, 4 の中から一つ選びなさい。

第3部　英文と質問を聞き，その答えとして最も適切なものを 1, 2, 3, 4 の中から一つ選びなさい。

2

No. 30 のあと，10 秒すると試験終了の合図がありますので，筆記用具を置いてください。

第1部

Track 171～181

〔例題〕

No. 1

No. 2

No. 3

No. 4

No. 5

No. 6

No. 7

No. 8

No. 9

No.10

No. 11	1	At Jack's house.
	2	At the library.
	3	At the station.
	4	At home with her mother.

No. 12	1	He misses his friend.
	2	He has to go back to his country.
	3	He had a fight with his friend.
	4	He didn't do well in his test.

| **No. 13** | 1 | Greg's. | 2 | Greg's brother's. |
| | 3 | Cindy's. | 4 | Cindy's brother's. |

| **No. 14** | 1 | Japanese. | 2 | Math. |
| | 3 | Science. | 4 | History. |

| **No. 15** | 1 | At 3:00. | 2 | At 3:55. |
| | 3 | At 4:00. | 4 | At 5:00. |

No. 16	1	The boy's grandmother.
	2	The girl.
	3	The girl's mother.
	4	The girl's grandmother.

No. 17	1 One.	2 Two.
	3 Three.	4 Four.

No. 18	1 At a birthday party.
	2 At a clothes store.
	3 At a hospital.
	4 At a bike shop.

No. 19	1 Take a train.	2 Get off the bus.
	3 Drive a car.	4 Go home.

No. 20	1 The girl's birthday.
	2 The boy's shoes.
	3 Their favorite color.
	4 The boy's soccer game.

英検4級

合格力チェックテスト

第 3 部

No. 21
1 He lost his bike.
2 He lost the key.
3 His friend used his bike.
4 He didn't use his bike today.

No. 22
1 At home. 2 At school.
3 Her aunt's house. 4 Her sister's house.

No. 23
1 $50. 2 $20.
3 $3. 4 $23.

No. 24
1 At a city hall. 2 At school.
3 At a sports gym. 4 At a hospital.

No. 25
1 Enter a music school.
2 Take part in a contest.
3 Start practicing the violin.
4 Buy a new violin.

No. 26
1 His second bike. 2 A child's bike.
3 His cousin's bike. 4 A cycling helmet.

No. 27	1 His favorite sport.
	2 His new soccer ball.
	3 His favorite dinner.
	4 A new member of the club.

No. 28	1 He did his homework all day.
	2 He studied for a test.
	3 He played a lot of baseball.
	4 He watched baseball games.

No. 29	1 She went to the zoo.
	2 She visited her grandparents.
	3 She got an animal.
	4 She drew a brown and white picture.

| No. 30 | 1 Cloudy. | 2 Sunny. |
| | 3 Rainy. | 4 Snowy. |

やってみよう！

スピーキング
テスト
予想問題

スピーキングテスト
の概要は
別冊24ページを
確認してね！

スピーキングテスト［予想問題1］

次の英文の黙読と音読をしたあと，質問に答えなさい。

Mike's Favorite Thing

Mike is in the art club. He goes to the club every Thursday. He is good at painting pictures of flowers. Mike wants to study art in Italy someday.

Questions

No.1　Please look at the passage.

When does Mike go to the art club?

No.2　Where does Mike want to go someday?

No.3　Please look at the picture. What is the girl doing?

No.4　Do you want to go to Italy?

Yes.と答えた場合 → What do you want to do there?

No.と答えた場合 → What country do you want to go to?

スピーキングテスト［予想問題2］

次の英文の黙読と音読をしたあと，質問に答えなさい。

Susan's Summer Holiday

Susan likes summer the best. She is going to visit Hawaii with her family this summer. Susan wants to swim with dolphins in the sea in the future.

Questions

No.1   Please look at the passage.
        Where will Susan and her family visit this summer?

No.2   What does she want to do with dolphins?

No.3   Please look at the picture. What is the boy doing?

No.4   Do you like to swim?
        　　Yes.と答えた場合 → Where do you usually swim?
        　　No.と答えた場合 → What sport do you like to play?

問題カードの訳

マイクの大好きなこと

マイクは美術部に入っています。彼は毎週木曜日にクラブに行きます。彼は花の絵をかくことが得意です。マイクはいつかイタリアで美術の勉強をしたいと思っています。

No.1

質問の訳 英文を見てください。マイクはいつ美術部に行きますか。

解答例
He goes (to the club) every Thursday.
[訳] 彼は毎週木曜日に（クラブに）行きます。

解説 質問がWhenで始まっているので，「時」を答えます。また，答えの文では主語はHe, Sheなどの代名詞を使うことにも注意しましょう。2文目にマイクがクラブに行くのはevery Thursdayと書かれています。every Thursdayをon Thursdaysとしてもかまいません。

No.2

質問の訳 マイクはいつかどこへ行きたいと思っていますか。

解答例
He wants to go to Italy (someday).
[訳] 彼は（いつか）イタリアに行きたいと思っています。

解説 質問がWhereで始まっているので，「場所」を答えます。wants to go to ～（～へ行きたい）を使って，マイクの行きたい場所を答えます。4文目に「マイクはいつかイタリアで美術の勉強をしたい」とあることから，「イタリア」だと判断できます。

No.3

質問の訳 絵を見てください。女の子は何をしていますか。

解答例
She is washing her (paint) brush.
[訳] 彼女は絵筆を洗っています。

解説 イラストの人物が何をしているかを答えます。現在進行形の疑問文なので，答えの文でも現在進行形を使います。絵の女の子は絵筆を洗っているところです。「絵筆を洗う」はwash her (paint) brushです。

No.4
質問の訳

あなたはイタリアに行きたいですか。

Yes.と答えた場合 → あなたはそこで何をしたいですか。

No.と答えた場合 → あなたはどの国に行きたいですか。

解答例

Yes. : I want to visit art museums.
［訳］私は美術館を訪れたいです。

No. : I want to go to France.
［訳］私はフランスへ行きたいです。

解説

4つ目の質問では, あなた自身に関する質問が出されます。Do you 〜?の質問には, 画面上でYesかNoのどちらかの答えを選択します。

Yes.と答えた場合, 次に「したいこと」をたずねられています。want to 〜(〜したい)を使って答えます。自分のことなので, 主語はIになります。

No.と答えた場合, 次に「行きたい国」をたずねられています。want to go to 〜(〜へ行きたい)を使って, 自分の行きたい国を答えます。

問題カードの訳

スーザンの夏休み
スーザンは夏が一番好きです。彼女は今年の夏は,家族とハワイを訪れる予定です。スーザンは将来,海でイルカと一緒に泳ぎたいと思っています。

No.1
質問の訳 英文を見てください。スーザンと彼女の家族は今年の夏にどこを訪れるでしょうか。

> **解答例** They will visit Hawaii.
> [訳] 彼女らはハワイを訪れるでしょう。

解説 質問がWhereで始まっているので,「場所」を答えます。2文目にsheが主語で,is going to visit Hawaiiとあります。質問の文では,主語がSusan and her familyになって,さらにis going toがwillと言いかえられていることに注意しましょう。

No.2
質問の訳 彼女はイルカと何をしたいと思っていますか。

> **解答例** She wants to swim with them in the sea.
> [訳] 彼女は海でそれらと一緒に泳ぎたいと思っています。

解説 「スーザンがイルカとしたいこと」を聞かれています。最後の文に,スーザンのしたいことが書かれているので,その部分を使って答えましょう。with themは,with dolphinsとしてもよいでしょう。

No.3
質問の訳 絵を見てください。男の子は何をしていますか。

> **解答例** He is running (on the beach) with his dog.
> [訳] 彼は犬と一緒に(浜辺を)走っています。

解説 イラストにかかれた男の子がしていることを,現在進行形を使って答えます。イラストを見ると,「(浜辺を)犬と一緒に走っている」ところです。is running (on the beach) with his[the] dogと表します。

No.4

あなたは泳ぐことが好きですか。

Yes.と答えた場合 → あなたはたいていどこで泳ぎますか。

No.と答えた場合 → あなたはどんなスポーツをすることが好きですか。

解答例

Yes. : I usually swim in the pool.
[訳] 私はたいていプールで泳ぎます。

No. : I like to play tennis.
[訳] 私はテニスをすることが好きです。

解説

この質問には, 自分自身のことを答えます。Do you like 〜? の質問には, 画面上でYesかNoどちらかの答えを選択します。

Yes.と答えた場合, 次に「ふだん泳いでいる場所」をたずねられています。泳ぐ「場所」をin などを使って具体的に答えます。「プールで」ならin the (swimming) pool,「海で」ならin the sea,「川で」なら in the riverとなります。

No.と答えた場合, 次に「することが好きなスポーツ」をたずねられています。like to play 〜(〜をすることが好き)を使って, 自分の好きなスポーツを答えます。「スキーをすることが好き」や「スケートをすることが好き」と答える場合は, play は使わず, I like to ski. やI like to skate. と答えます。

memo

解答と解説

英検®

年度
2024

4級

過去問題集

Gakken

CONTENTS

英検 **4** 級

2023年度・第1回 解答と解説

筆記 [p.030 − p.039]

1
- (1) 2　(2) 3　(3) 4　(4) 1　(5) 2
- (6) 2　(7) 3　(8) 4　(9) 1　(10) 3
- (11) 2　(12) 4　(13) 1　(14) 3　(15) 2

2　(16) 3　(17) 2　(18) 3　(19) 2　(20) 1

3　(21) 3　(22) 3　(23) 1　(24) 2　(25) 1

4A　(26) 1　(27) 4
4B　(28) 2　(29) 4　(30) 3
4C　(31) 3　(32) 1　(33) 3　(34) 3　(35) 2

リスニング [p.040 − p.045]

第 1 部　[No.1] 1　[No.2] 3　[No.3] 3　[No.4] 2　[No.5] 1
　　　　　[No.6] 1　[No.7] 2　[No.8] 2　[No.9] 2　[No.10] 3

第 2 部　[No.11] 2　[No.12] 4　[No.13] 4　[No.14] 1　[No.15] 3
　　　　　[No.16] 4　[No.17] 2　[No.18] 1　[No.19] 3　[No.20] 1

第 3 部　[No.21] 4　[No.22] 1　[No.23] 4　[No.24] 1　[No.25] 1
　　　　　[No.26] 4　[No.27] 2　[No.28] 1　[No.29] 2　[No.30] 3

(1) 今日ジョンは授業が3つしかなかったので，2時に帰宅しました。

1 自転車　　**2** 授業　　**3** 壁　　**4** かさ

- -

✅ 文の後半に「それで彼は2時に帰宅しました」とあるので，「授業」という意味の**2**が適切です。

▌ WORDS&PHRASES

□ **class**―授業，クラス　　□ **bicycle**―自転車　　□ **umbrella**―かさ

(2) 私の両親は50年以上前にカナダに住み始めました。彼らは日本出身です。

1 buy(～を買う)の過去形　　　　**2** answer(答える)の過去形
3 begin(～を始める)の過去形　　**4** climb(～に登る)の過去形

- -

✅ 〈begin＋動詞のing形〉で「～し始める(＝～することを始める)」という意味になり，空所のあとの「50年以上前にカナダに住むこと」ともうまくつながるので，**3**が適切です。

▌ WORDS&PHRASES

□ **over**―～をこえて　　□ **～ years ago**―～年前　　□ **be from～**―～出身である

(3) *A:* 昨夜きみは何をしたの？
B: 私は鳥に関するよいテレビ番組を見たよ。

1 体育館　　**2** 文化　　**3** 事務所　　**4** 番組

- -

✅ 「私は鳥に関するよいテレビ(　　)を見たよ。」の空所に入る名詞としては，「番組」という意味の**4**が適切です。

▌ WORDS&PHRASES

□ **program**―番組，プログラム　　□ **gym**―体育館　　□ **culture**―文化

(4) *A:* お父さんの新しい車を洗うときは気をつけてね！
B: わかってるよ。お父さんと一緒に洗うつもりだよ。

1 注意深い　　**2** 怒った　　**3** 容易な　　**4** 重要な

- -

✒️ 「お父さんの新しい車を洗うときは（　　　）ね！」の空所に入れる形容詞としては，「注意深い」という意味の1が適切です。Be careful.は「気をつけて。」という意味を表します。

📖 WORDS&PHRASES

□ **Be careful.**— 気をつけて。　　□ **angry**— 怒った　　□ **important**— 重要な

---

(5) 私の祖母はいつも朝食を食べる前に犬を散歩させます。

1 ～して以来　　2 ～する前に　　3 それで　　4 しかし

- -

✒️ 「私の祖母はいつも犬を散歩させます」と「彼女は朝食を食べます」をつなぐ接続詞として適切なのは，「～する前に」という意味の2です。

📖 WORDS&PHRASES

□ **always**— いつも　　□ **walk**—（犬など）を散歩させる　　□ **breakfast**— 朝食

---

(6) *A:* 私たちはいつ名古屋に着くの？

B: 9時ごろだよ。

1 ～を出発する　　　　　　2 着く

3 ～になる　　　　　　　　4 ～を忘れる

- -

✒️ arrive in〔at〕～で「～に着く」という意味になるので，2が適切です。

📖 WORDS&PHRASES

□ **leave**— ～を出発する，～を去る　　□ **become**— ～になる　　□ **forget**— ～を忘れる

---

(7) *A:* きみはニュースを読む？

B: 私はたいていスマートフォンで読んでいるよ。

1 台所　　2 顔　　3 ニュース　　4 羊

- -

✒️ Bが「私はたいていスマートフォンで読んでいるよ。」と言っているので，「ニュース」という意味の3を入れると会話が成り立ちます。

📖 WORDS&PHRASES

□ **news**— ニュース　　□ **kitchen**— 台所　　□ **face**— 顔　　□ **sheep**— 羊

昨夜サリーが10時までに帰宅しなかったので, 彼女の母親は怒りました。

1 ～をつかまえる　　　　　　2 ～をたずねる

3 ～を置く　　　　　　　　　4 (come homeで)帰宅する

✎ come homeで「帰宅する」という意味を表すので, 4が適切です。後半の「それで彼女の母親は怒りました」にもうまくつながります。

📖 WORDS&PHRASES
□ by―～までに　　□ catch―～をつかまえる　　□ put―～を置く

(9) *A:* きみは, 台湾ではどこに泊まるの？
B: 友達の家に泊まるよ。彼女は台湾出身だよ。

1 (stay with～で)～の家に泊まる　　2 ～について

3 ～の中へ　　　　　　　　　　　　4 ～を横切って

✎ stay with～で「～の家に泊まる」という意味を表すので, 1が適切です。

📖 WORDS&PHRASES
□ stay―滞在する　　□ Taiwan―台湾

(10) *A:* ゆっくり話してくれませんか, アダムズさん。私は英語があまり理解できません。

B: わかりました。

1 ～を見る　　　　　　　　　2 ～を話す

3 (slow downで)速度を落とす　4 聞く

✎ slow downで「速度を落とす」という意味を表すので, 3が適切です。ここでは直後の内容から,「ゆっくり話す」といった意味になります。

📖 WORDS&PHRASES
□ understand―～を理解する　　□ well―十分に　　□ Sure.―はい。わかりました。

(11) *A:* こんにちは。料理を注文したいのですが。

B: わかりました。ちょっと待ってください。

1 時間　　　2 (Just a moment.で)ちょっと待ってください。
3 クラブ　　4 メンバー

✏️ Just a moment.で「ちょっと待ってください。」という意味を表すので，2が適切です。

📖 WORDS&PHRASES
□ order ─ 〜を注文する　　□ food ─ 食べ物　　□ moment ─ 瞬間

(12) ジェームズはタケウチ先生のお別れ会のための考えがあります。彼女はとても驚くでしょう。
1 〜にさわる　　　2 〜を理解する
3 〜を買う　　　4 have(〜がある)の3人称単数現在形

✏️ have an ideaで「考えがある」という意味を表すので，4が適切です。選択肢はすべて3人称単数現在形です。

📖 WORDS&PHRASES
□ goodbye party ─ お別れ会　　□ be surprised ─ 驚く　　□ touch ─ 〜にさわる

(13) クリスは昨日海辺で雑誌を読んでいました。彼はとても楽しみました。
1 readのing形　　　　　　2 〜を読む
3 to + readの原形　　　　4 readの3人称単数現在形

✏️ 空所の直前にwasがあるので，過去進行形〈was + 動詞のing形〉の文だとわかります。したがって1が適切です。

📖 WORDS&PHRASES
□ magazine ─ 雑誌　　□ beach ─ 海辺　　□ enjoy ─ 〜を楽しむ

(14) A: 私の故郷の町にはたくさんのお寺がありますが，これが一番古いお寺です。
B: きれいですね。
1 ずっと古い　　　2 (as old as 〜で)〜と同じくらい古い
3 一番古い　　　4 古すぎる

✓ 〈the＋形容詞［副詞］の最上級〉で「一番〜」という意味を表すので，3のoldの最上級が適切です。

📖 WORDS&PHRASES

□ temple ― 寺　　□ hometown ― 故郷の町

---

(15) *A:* あのおばあちゃんの絵はだれがかいたの？
B: 私が10歳のときにかいたよ。
1 （絵）をかく（drawの原形）　　2 drawの過去形
3 drawの3人称単数現在形　　　4 drawのing形

- -

✓ Bが「私が10歳のときにかいたよ。」と答えているので，2の過去形が適切です。

📖 WORDS&PHRASES

□ picture ― 絵　　□ Grandma ― おばあちゃん

(16)　少女1： 昨日この新しい雑誌を買った［手に入れた］の。読みたい？

少女2： うん！　ありがとう。

　　　　1　いくらなの？　　　　2　これはあなたのもの？

　　　　3　読みたい？　　　　　4　いつここに着くの？

- -

✔　少女2がYeah! Thanks.（うん！　ありがとう。）と答えているので，Do you want to read it?（〈あなたはそれ（＝新しい雑誌）を〉読みたい？）と聞いている3が適切です。

📖 WORDS&PHRASES

□ got—get（〜を買う，〜を手に入れる）の過去形　　□ yours—あなたのもの

(17)　少女： チーズケーキとチェリーパイ，どちらが好き？

少年： チェリーパイ。ぼくの大好きなデザートだよ。毎週日曜日に食べるんだ。

　　　　1　ぼくは買い物に行くんだ。

　　　　2　ぼくの大好きなデザートだよ。

　　　　3　ぼくはチーズを食べるよ。

　　　　4　チェリーをいくつか持っているよ。

- -

✔　「チェリーパイ。」と答えたあとに続く言葉として適切なのは，2のIt's my favorite dessert.（〈それ（＝チェリーパイ）は〉ぼくの大好きなデザートだよ。）です。

📖 WORDS&PHRASES

□ Which do you like better, A or B?—AとBではどちらが好きか。

(18)　息子： ぼく，自分の部屋を掃除したよ，お母さん。

母親： よくやったわね！　すごくきれいよ。

　　　　1　あなたは終わらせなかったわね。

　　　　2　あなたはそれは買えないわよ。

　　　　3　すごくきれいよ。

　　　　4　それは違う部屋の中にあるわ。

✑ 息子のI cleaned my room（自分の部屋を掃除したよ）に対して，母親がGreat job!（よくやったわね！）とほめているので，It looks really nice.（〈それ（＝あなたの部屋）は〉すごくきれいよ。）と言っている3が適切です。

📖 WORDS&PHRASES
□ clean ─ 〜を掃除する　　□ look ＋形容詞 ─ 〜に見える　　□ different ─ 違う

(19) 夫: 紅茶を1杯飲もうと思うんだ。きみもどう？
妻: いいえ，結構よ。ちょうど飲んだところなの。

1 座って。　　　　　　　　　　2 いいえ，結構よ。
3 私は少しも持っていないわ。　4 それは私のものじゃないわ。

✑ 夫の紅茶をすすめる言葉に対して，妻が空所のあとで「ちょうど飲んだところなの。」と言っていることから，No, thanks.（いいえ，結構よ。）と答えている2が適切です。

📖 WORDS&PHRASES
□ a cup of 〜 ─ カップ1杯の〜　　□ Would you like 〜? ─ 〜はいかがですか。

(20) 母親: テッド，今日はピアノのレッスンに連れていけないわ。
息子: どうしてなの？
母親: 空港でおばあちゃんに会わなくちゃならないのよ。

1 どうしてなの？　　　　2 何時に？
3 よくやったね！　　　　4 いい考えだね！

✑ 最後に母親が息子をピアノのレッスンに連れていけない理由を話しているので，Why not?（どうして〈だめ〉なの？）とたずねている1が適切です。

📖 WORDS&PHRASES
□ take A to B ─ AをBに連れていく　　□ have to 〜 ─ 〜しなければならない

㉑　**Mike (was talking with Kumi in) English.**

✓　「話していました」は，過去進行形〈was［were］＋動詞のing形〉の文です。主語Mikeのあとにwas talkingを置き，続けてwith Kumi（久美と）と組み立てます。最後にin English（英語で）を置いて完成です。

㉒　**Mom, do (we have to clean our) house tomorrow?**

✓　疑問文なのでdoのあとに主語weを置きます。「～しなければならない」はhave to ～で表すので，そのあとに「家の掃除をする」をclean our houseと続けます。

㉓　**Today's (test was more difficult than) yesterday's test.**

✓　「AはBより～」の比較級の文です。difficult（難しい）の比較級はmore difficultなので，Today's test was more difficultと組み立て，「昨日のテストより」をthan yesterday's testと続けます。

㉔　**(You can choose a present from) this list.**

✓　「～できる」は〈can＋動詞の原形〉で表すので，まずYou can choose a present（あなたはプレゼントを選ぶことができます）と組み立てます。「このリストから」は，from this listとします。

㉕　**Carlos, (what language does your sister speak)?**

✓　「～は何語（＝何の言語）を話しますか」という疑問文なので，文頭にwhat language（何の言語）を置いて，〈what language＋does＋主語＋動詞?〉と組み立てます。

本文の意味

生徒のみなさんへ

今週の放課後にギターコンサートがあります。

日時：7月21日（金）午後3：30
㉖**場所**：学校のカフェテリア

㉗ギター部は8月に大きな音楽コンテストで演奏します。金曜日のこのコンサートはギター部のメンバーにとってよい練習になるでしょう。彼らは30分間演奏します。楽しみに来てください！

㉖ **7月21日にどこでコンサートが行われますか。**

1　学校のカフェテリアでです。　　2　ギター部の部室でです。

3　コンサートホールでです。　　4　ミュージックストアでです。

✍ 下線部㉖に注目します。Where: School cafeteria とあるので，正解は1です。

㉗ **8月にギター部のメンバーは何をしますか。**

1　ギターを買います。　　　　2　新しい先生と練習します。

3　音楽キャンプに行きます。　　4　コンテストで演奏します。

✍ 下線部㉗に注目します。The guitar club will play in a big music contest in August. とあるので，正解は4です。

📖 WORDS&PHRASES

□ **concert**―コンサート　　□ **after school**―放課後（に）　　□ **July**―7月
□ **cafeteria**―カフェテリア，食堂　　□ **club**―部，クラブ　　□ **contest**―コンテスト
□ **August**―8月　　□ **practice**―練習　　□ **member**―メンバー，部員
□ **concert hall**―コンサートホール

本文の意味

送信者：ジョージア・スティール
宛先：サム・ハリソン
日付：6月19日
件名：理科の宿題

こんにちは サム，

元気？　㉘理科の宿題がわからなくて少し不安になっているの。㉙その宿題は金曜日の理科のテストにとって重要なのよね？　ブラックウェル先生が先週そう話していたわ。私はテストが心配なの。あなたは理科でいつもいい成績をとっているよね。火曜日の放課後に宿題を手伝ってくれない？

ありがとう，

ジョージア

送信者：サム・ハリソン
宛先：ジョージア・スティール
日付：6月20日
件名：もちろん

こんにちは ジョージア，

ごめん，火曜日の放課後には野球の練習があるんだ。でも君を手伝いたいと思う。水曜日の午後はどう？　そのときなら時間があるんだ。㉚きみは自分一人でも勉強しようとすべきだよ。いい本を知ってるんだ。たぶんきみの助けになるよ。月曜日に学校に持ってくるね。

きみの友達，

サム

㉘　ジョージアの問題は何ですか。
　1　彼女は理科のテストに合格しませんでした。
　2　彼女は理科の宿題がわかりません。
　3　彼女は理科で悪い成績をとりました。

4 彼女はサムの宿題を手伝うことができません。

📝 下線部㉘に I'm a little nervous because I don't understand our science homework. とあるので，正解は**2**です。

(29) 理科のテストはいつですか。
1 月曜日にです。　　　　　2 火曜日にです。
3 水曜日にです。　　　　　4 金曜日にです。

📝 下線部㉙に The homework is important for our science test on Friday, right? とあるので，正解は**4**です。

(30) サムはジョージアに何と言っていますか。
1 彼女は先生と話をするべきです。
2 彼女はほかの友達に助けを求めるべきです。
3 彼女は自分一人で勉強すべきです。
4 彼女は学校に本を持ってくるべきです。

📝 下線部㉚に You should try to study by yourself, too. とあるので，正解は**3**です。by oneself で「自分一人で」という意味を表します。

📙 WORDS&PHRASES

□ **June**—6月　□ **science**—理科　□ **a little**—少し
□ **nervous**—不安な，神経質な　□ **understand**—〜を理解する
□ **important**—重要な　□ **〜, right?**—〜だよね？　□ **told**—tell (〜を話す)の過去形
□ **tell＋人＋こと**—(人)に(こと)を話す　□ **be worried about 〜**—〜を心配する
□ **help 〜 with …**—〜の…を手伝う　□ **of course**—もちろん　□ **practice**—練習
□ **How about〜?**—〜はどうか。　□ **free**—時間がある，ひまな
□ **then**—そのとき　□ **try to 〜**—〜しようとする　□ **bring**—〜を持ってくる

本文の意味

新しいペット

アニーはアイルランドのダブリンに住んでいます。彼女は高校生です。㉛先月，アニーは新しいアルバイトを始めました。彼女は動物が大好きなので，犬を散歩させる人としての仕事につきました。㉜彼女は水曜日と金曜日の放課後それぞれの約2時間，犬たちを散歩させます。

㉝先週のある日，アニーが仕事のあと歩いて家に向かっていると，通りで子猫を見かけました。それはとても小さな白い子猫でした。子猫が1ぴきでいたのでアニーは心配になり，それを拾いあげて家に連れて帰りました。アニーは母親にその子猫を見せました。彼女の母親は「私たちは飼い主を見つけなければならないわ。」と言いました。

㉞先週末，アニーと母親は子猫の飼い主を探しました。彼女たちは多くの人に話しかけましたが，だれも子猫のことを知りませんでした。㉟日曜日の午後，アニーの母親は「いいわ，この子猫を飼いましょう。」と言ったので，アニーはとても幸せでした。彼女たちは子猫に「ルナ」という名前をつけ，アニーは彼女の新しいペットを愛しています。

(31)　**先月アニーは何をしましたか。**

1　ボランティアに会いました。　　**2　新しいペットを買いました。**

3　新しい仕事を始めました。　　**4　新しい友達をつくりました。**

- -

📝　下線部㉛に Last month, Annie started a new part-time job. とあるので，正解は3です。

(32)　**アニーはいつ犬たちを散歩させますか。**

1　水曜日と金曜日にです。　　**2　土曜日の朝にです。**

3　休日の間にです。　　**4　日曜日の午後にです。**

- -

📝　下線部㉜に She walks dogs after school on Wednesdays and Fridays for about two hours each day. とあるので，正解は1です。

(33) 先週アニーは何を見つけましたか。

1 教科書です。
2 大きな犬です。
3 白い子猫です。
4 新しいおもちゃです。

下線部㉝に One day last week, … she saw a kitten on the street. The kitten was very small and white. とあるので，正解は3です。

(34) アニーと母親は…

1 子猫におもちゃを買ってあげました。
2 子猫を動物病院に連れていきました。
3 子猫の飼い主を探しました。
4 子猫に関するポスターを作りました。

下線部㉞に Last weekend, Annie and her mother looked for the kitten's owner. とあるので，正解は3です。look for ～で「～を探す」という意味です。

(35) アニーはなぜ幸せだったのですか。

1 子猫の母親と遊びました。
2 子猫を飼うことができました。
3 学校でクラブに入りました。
4 先生を手伝いました。

下線部㉟に On Sunday afternoon, Annie's mother said, "OK, we can keep the kitten," and Annie was very happy. とあるので，正解は2です。

WORDS&PHRASES

- □ got — get (～を手に入れる)の過去形
- □ as — ～として
- □ walk — (犬など)を散歩させる
- □ each — それぞれの
- □ saw — see (～を見る)の過去形
- □ street — 通り
- □ be worried — 心配する
- □ because — ～なので
- □ pick ～ up — ～を拾いあげる
- □ took — take (～を連れていく)の過去形
- □ show＋人＋物・動物 — (人)に(物・動物)を見せる
- □ try to ～ — ～しようとする
- □ no one ～ — だれも～ない
- □ gave — give (～を与える)の過去形
- □ give＋人・動物＋物 — (人・動物)に(物)を与える

〈例題〉

A: Hi, my name is Yuta.　「やあ，ぼくの名前はユウタだよ。」
B: Hi, I'm Kate.　「こんにちは，私はケイトよ。」
A: Do you live near here?　「きみはこの近くに住んでいるの？」
　　1　I'll be there.　　　1「そっちに行くわ。」
　　2　That's it.　　　　2「それだわ。」
　　3　Yes, I do.　　　　3「ええ，そうよ。」

No.1

A: What do you want for breakfast?　「朝食に何が食べたい？」
B: Eggs.　「卵。」
A: Would you like cheese on them?　「上にチーズをのせてほしい？」
　　1　Yes, please.　　　　1「うん，お願い。」
　　2　No, I don't like eggs.　2「いいや，卵は好きじゃない。」
　　3　They're not mine.　　3「それらはぼくのじゃないよ。」

- - -

Would you like cheese on them（=eggs）? に対する答えなので，
Yes, please.（うん，お願い。）と頼んでいる1が適切です。

No.2

A: Mrs. Jennings?　「ジェニングズ先生？」
B: What is it, Kenta?　「何ですか，ケンタ？」
A: I don't have a pencil.　「鉛筆を持っていません。」
　　1　It's green.　　　　　1「それは緑色です。」
　　2　I need a pen.　　　　2「私はペンが必要です。」
　　3　Here, use this one.　3「はい，これを使って。」

No.3

A: That was a difficult test.　「難しいテストだったね。」

B:Yeah.	「うん。」
A:Could you answer the last question?	「最後の問題に答えられた？」
1 No, it's after music.	1 「ううん，音楽のあとだよ。」
2 No, it's in my locker.	2 「ううん，ぼくのロッカーの中だよ。」
3 No, it was too hard.	3 「ううん，難しすぎたよ。」

☑ 「最後の問題に答えられた？」と聞かれているので，3の No, it was too hard.（ううん，難しすぎたよ。）が適切です。

No.4

A:Did you have a good vacation?	「よい休暇だった？」
B:Yeah, it was great.	「うん，すばらしかったよ。」
A:Where did you go?	「どこに行ったの？」
1 For two weeks.	1 「2週間だよ。」
2 To the mountains.	2 「山にだよ。」
3 With my family.	3 「家族とだよ。」

No.5

A:It's hot in here.	「ここは暑いね。」
B:Yeah, I'm thirsty.	「うん，のどが渇いたわ。」
A:Me, too.	「ぼくも。」
1 Let's take a break.	1 「休みましょうよ。」
2 You finished your homework.	2 「あなたは宿題を終えたのね。」
3 We'll find your pen.	3 「私たちがあなたのペンを見つけるわ。」

☑ Bの「のどが渇いたわ。」に対して，Aが「ぼくも。」と言っているので，1のLet's take a break.（休みましょうよ。）を選ぶと会話が成り立ちます。

No.6

A: Those shoes are cool! 「その靴，かっこいいね！」

B: Thank you. They're 「ありがとう。バスケットボール
basketball shoes. シューズなんだ。」

A: When did you buy them? 「いつ買ったの？」

1 Last weekend. 1 「先週末だよ。」

2 My favorite sport. 2 「ぼくの大好きなスポーツだ。」

3 Only $50. 3 「たった50ドルだよ。」

When did you buy them? と聞かれているので，Last weekend.
（先週末。）と時を答えている 1 が適切です。

No.7

A: Are you going to the park, 「公園に行くの，リサ？」
Lisa?

B: Yes, Dad. See you later. 「うん，お父さん。あとでね。」

A: Did you finish your 「宿題を終えたのかい？」
homework?

1 Yes, I saw you there. 1 「うん，あそこでお父さんを見
たよ。」

2 Yes, I did it this 2 「うん，午前中に終えたよ。」
morning.

3 Yes, it's open today. 3 「うん，今日は開いているよ。」

「宿題を終えたのかい？」と聞かれているので，2のYes, I did it
this morning.（うん，午前中に終えたよ。）が適切です。

No.8

A: Are you hungry? 「おなかすいてる？」

B: A little. 「少し。」

A: Have some cookies. I 「クッキーを食べなよ。今日の午後
made them this afternoon. に作ったんだ。」

1 I know that shop. 1 「そのお店を知ってるわ。」

2　They look delicious.

3　It's in my lunch box.

2　「おいしそうね。」

3　「お弁当箱に入っているわ。」

No.9

🔊

A: Did you enjoy your
summer vacation?

B: Yes! I went to England.

A: Great. How long did you
stay there?

1　With my brother.

2　For one week.

3　In London.

「夏休みを楽しんだ？」

「うん！ イングランドに行ったよ。」

「すてきね。そこにどれくらい滞在
したの？」

1　「兄[弟]とだよ。」

2　「1週間だよ。」

3　「ロンドンにだよ。」

✍ 「そこにどれくらい滞在したの？」と聞かれているので，For one
week.（1週間。）と期間を答えている2が適切です。

No.10

🔊

A: I'm so late! I'm sorry!

B: That's OK. Did you walk?

A: Yes. How did you come
here?

1　Not bad.

2　About 10 minutes.

3　By bus.

「すごく遅れちゃった！ ごめん！」

「大丈夫よ。歩いたの？」

「うん。きみはどうやってここに来
たの？」

1　「悪くないわね。」

2　「約10分よ。」

3　「バスでよ。」

✍ 「きみはどうやってここに来たの？」と聞かれているので，交通手段
を答えている3のBy bus.（バスで。）が適切です。

No.11

A: I'm home, Dad.
B: It's raining. Where's your umbrella, Jill?
A: It's at school.
B: OK. I'll get a towel for you.
　Question **Where is Jill's umbrella?**

A: ただいま，お父さん。
B: 雨が降っているね。かさはどこだい，ジル？
A: 学校よ。
B: そうか。タオルを持ってくるよ。
　質問 ジルのかさはどこにありますか。
1 バス停です。　　　　　　2 学校です。
3 彼女の部屋です。　　　　4 浴室です。

B（父親）の「かさはどこだい，ジル？」に対して，A（ジル）がIt's at school.（学校よ。）と言っているので，2が適切です。

No.12

A: There's a new student in my class.
B: I know. She joined the school band.
A: Really?
B: Yeah. She's a trumpet player.
　Question **What are they talking about?**

A: 私のクラスに新しい生徒がいるの。
B: 知ってる。彼女はスクールバンドに入ったよ。
A: 本当？
B: うん。彼女はトランペット奏者なんだ。
　質問 彼らは何について話していますか。
1 少年の新しいトランペットについてです。

2 文化祭についてです。

3 コンサートについてです。

4 新しい生徒についてです。

📝 Aの There's a new student in my class. (私のクラスに新しい生徒がいるの。)から始まって，ずっとその生徒のことを話しているので，4が適切です。

No.13

🔊 *A:* Are you cold, Johnny?

B: Yes, I am.

A: You should put on a sweater.

B: I will, Mom.

Question **What will Johnny do?**

A: 寒い，ジョニー？

B: うん。

A: セーターを着たほうがいいわ。

B: そうするよ，お母さん。

質問 ジョニーは何をするでしょうか。

1 窓を開けます。　　　　　　2 天気を調べます。

3 冷たい飲み物を飲みます。　4 セーターを着ます。

📝 A（母親）の You should put on a sweater. (セーターを着たほうがいいわ。)に対して，B（ジョニー）が I will と答えているので，4が適切です。

No.14

🔊 *A:* Excuse me, is there a convenience store near here?

B: Yes, there's one next to the library.

A: Where's that?

B: On Maple Street.

Question **What is the woman looking for?**

A: すみません，この近くにコンビニエンスストアはありますか。

B: はい，図書館の隣にありますよ。

A: それはどこですか。

B: メープル通りです。

質問 **女性は何を探していますか。**

1 コンビニエンスストアです。　　2 デパートです。

3 彼女の本です。　　4 彼女の図書館カードです。

☑ 最初に A（女性）が Excuse me, is there a convenience store near here?（すみません，この近くにコンビニエンスストアはありますか。）と聞いているので，1 が適切です。

No.15

🔊

A: Let's play cards, Grandpa.

B: No. I want to sleep a little.

A: Can I go outside, then?

B: OK, but be careful.

Question **What will the girl do next?**

A: トランプをしようよ，おじいちゃん。

B: いいや。ちょっと眠りたいんだ。

A: だったら外に行ってもいい？

B: いいよ，でも気をつけてな。

質問 **少女は次に何をするでしょうか。**

1 眠ります。　　2 トランプをします。

3 外に行きます。　　4 帰宅します。

☑ A（少女）の Can I go outside, then?（だったら外に行ってもいい？）に対して，B が OK と答えているので，3 が適切です。

A: Where's the bus? It usually comes at 7:15.

B: It's 7:30 now. We'll be late for school.

A: Let's wait 10 more minutes.

B: OK.

Question **What time is it now?**

A: バスはどこ？　ふつうは7時15分に来るのに。

B: 今7時30分だ。学校に遅れちゃうよ。

A: あと10分待ってみましょう。

B: わかった。

質問 **今何時ですか。**

1　7時です。	2　7時10分です。
3　7時15分です。	4　7時30分です。

Aの「ふつうは7時15分に来るのに。」に対して，BがIt's 7:30 now.（今7時30分だ。）と言っているので，4が適切です。

A: That's a nice notebook! I like the picture of a bike on it.

B: Thanks. I want to use it now, but I forgot my pencil.

A: You can borrow mine.

B: Thanks!

Question **What will the girl borrow?**

A: いいノートだね！　かいてある自転車の絵が好きだな。

B: ありがとう。今使いたいんだけど，鉛筆を忘れたの。

A: ぼくのを借りればいいよ。

B: ありがとう！

質問 **少女は何を借りるつもりですか。**

1　ノートです。	2　鉛筆です。
3　カメラです。	4　自転車です。

☑ B（少女）のI forgot my pencil（鉛筆を忘れたの）に対して，AがYou
can borrow mine（＝my pencil）.（ぼくのを借りればいいよ。）と
言っているので，2が適切です。

No.18

🔊
A: What's wrong, Jimmy?

B: I broke my tennis racket.

A: Did that happen at tennis practice?

B: Yes, an hour ago.

Question **What is Jimmy's problem?**

A: どうしたの，ジミー？

B: テニスラケットを壊してしまったんだ。

A: テニスの練習のときにそんなことがあったの？

B: うん，1時間前にね。

質問 **ジミーの問題は何ですか。**

1 彼はテニスラケットを壊しました。
2 彼はテニスラケットを忘れました。
3 彼はテニスの試合に負けました。
4 彼はテニスの練習に遅れました。

☑ AのWhat's wrong, Jimmy?（どうしたの，ジミー？）に対して，B
（ジミー）がI broke my tennis racket.（テニスラケットを壊してし
まったんだ。）と答えているので，1が適切です。

No.19

🔊
A: Will you go to the festival this weekend?

B: Yes, on Saturday, but I have to study on Sunday.

A: Why?

B: I have a test on Monday.

Question **When will the girl go to the festival?**

A: 今週末にお祭りに行く？

B: うん，土曜日にね，でも日曜日には勉強しなくちゃ。

A: どうして？

B: 月曜日にテストがあるの。

質問 少女はいつお祭りに行くつもりですか。

1 月曜日にです。 　　　　 2 金曜日にです。

3 土曜日にです。 　　　　 4 日曜日にです。

📝 Aの「今週末にお祭りに行く？」に対して，B(少女)がYes, on Saturday(うん，土曜日にね)と答えているので，3が適切です。

No.20

🔊 *A:* What time do you leave your house for school?

B: Usually around 8:15.

A: Wow! That's late. I leave at 7:45.

B: Well, my sister leaves at 7:30.

Question **Who leaves for school at 7:45?**

A: きみは学校に行くのに何時に家を出るの？

B: たいてい8時15分くらいよ。

A: へえ！ それは遅いね。ぼくは7時45分に出るよ。

B: ええと，私の姉[妹]は7時30分に出るわよ。

質問 7時45分に学校に向けて出発するのはだれですか。

1 少年です。 　　　　 2 少年の姉[妹]です。

3 少女です。 　　　　 4 少女の姉[妹]です。

📝 B(少女)の家を出る時間を聞いて，A(少年)がWow! That's late. I leave at 7:45.(へえ！ それは遅いね。ぼくは7時45分に出るよ。)と言っているので，1が適切です。

No.21

🔊 Thank you for shopping at Jackson's. Today, all bicycles are 20 percent off. We'll also check bike tires for free.

Question **Where is the man talking?**

ジャクソンズでのお買い物ありがとうございます。本日は，自転車全商品が20％引きです。自転車のタイヤのチェックも無料で行います。

質問 男性はどこで話していますか。

1　空港です。　　　　　　　　2　レストランでです。
3　駅でです。　　　　　　　　4　店でです。

☑ 最初にThank you for shopping at Jackson's.（ジャクソンズでのお買い物ありがとうございます。）と言っているので，男性は4の店で話していることがわかります。

📖 WORDS&PHRASES
□ Thank you for 〜. — 〜をありがとう。　□ off — 割り引いて　□ for free — 無料で

No.22

🔊 My dad usually gives me money or a DVD for my birthday. This year, he gave me a beautiful dress. I was really surprised.

Question **Why was the girl surprised?**

お父さんは私の誕生日にたいていお金かDVDをくれます。今年，彼は私に美しいドレスをくれました。私は本当に驚きました。

質問 少女はなぜ驚いたのですか。

1　父親が彼女にドレスをくれました。
2　父親がDVDを見ました。
3　父親がいくらかのお金を見つけました。
4　父親が彼女の誕生日を忘れました。

☑ **This year,** he gave me a beautiful dress.（今年，彼（＝父親）は私

に美しいドレスをくれました。）に続いて，I was really surprised.
と言っているので，**1**が適切です。

📖 WORDS&PHRASES
□ **give ＋人＋物** ―（人）に（物）を与える　　□ **gave** ― **give** の過去形
□ **be surprised** ―驚く

No.23

🔈 Bob usually rides his bike to school. But today it was raining, so
he walked. After school, he took the bus home.

Question **How did Bob go to school today?**

- -

ボブはたいてい学校に自転車に乗って行きます。でも今日は雨が降って
いたので，歩きました。放課後，彼はバスで家に帰りました。

質問 **ボブは今日どうやって学校に行きましたか。**

1　バスに乗りました。　　　　　2　列車に乗りました。
3　自転車に乗りました。　　　　4　歩きました。

- -

☑️　「ボブはたいてい学校に自転車に乗って行きます。」のあとに，But
today it was raining, so he walked.（でも今日は雨が降っていた
ので，歩きました。）と言っているので，**4**が適切です。

📖 WORDS&PHRASES
□ **ride** ―～に乗って行く　　□ **took** ― **take**（～に乗る）の過去形　　□ **home** ―家に

No.24

🔈 I like to draw pictures. Next month, I'll enter an art contest. I
want to win a prize.

Question **What will the girl do next month?**

- -

私は絵をかくのが好きです。来月，私は美術コンテストに参加します。
賞を取りたいです。

質問 **少女は来月何をするでしょうか。**

1　美術コンテストに参加します。
2　絵を何枚か見ます。

3 プレゼントをもらいます。
4 鉛筆を何本か買います。

☑ 「私は絵をかくのが好きです。」に続いて，Next month, I'll enter an art contest.（来月，私は美術コンテストに参加します。）と言っているので，1 が適切です。

■ **WORDS&PHRASES**
□ **draw**──（絵）をかく □ **enter**──〜に参加する □ **win a prize**──賞を取る

No.25

Cooking is fun. I'm in the cooking club at school. This Saturday, I'll cook dinner for my family.

Question **What will the boy do this Saturday?**

料理は楽しいです。ぼくは学校で料理部に入っています。今週土曜日，家族のために夕食を作ります。

質問 **少年は今週土曜日に何をするでしょうか。**

1 夕食を作ります。　　　　　2 料理の本を書きます。
3 レストランで食事をします。　4 料理のレッスンに行きます。

☑ 最後に This Saturday, I'll cook dinner for my family.（今週土曜日，家族のために夕食を作ります。）と言っているので，1 が適切です。

■ **WORDS&PHRASES**
□ **fun**──楽しいこと □ **cooking club**──料理部 □ **cook**──〜を料理する

No.26

I'm in a band with my friends. Matt and Alice both play the guitar, and Ed plays the piano. Olivia and I are the singers. Our band practices are really fun.

Question **Who plays the piano?**

私は友達とバンドに入っています。マットとアリスは2人ともギターを

演奏し，エドはピアノを演奏します。オリビアと私は歌手です。バンド
の練習は本当に楽しいです。

質問 **だれがピアノをひきますか。**

1 マットです。 　　　　　　2 オリビアです。

3 アリスです。 　　　　　　4 エドです。

✓ 「私は友達とバンドに入っています。」に続いて，Matt and Alice
both play the guitar, and Ed plays the piano.（マットとアリスは
2人ともギターを演奏し，エドはピアノを演奏します。）と言ってい
るので，4が適切です。

ⅠⅠ WORDS&PHRASES

□ **both**—両方とも，2人とも　　□ **practice**—練習

No.27

🔊 My husband and I will visit Los Angeles this weekend. On
Saturday, he'll go shopping, and I'll go to the beach. On Sunday,
we'll go to a museum together.

Question **Where will the woman go on Saturday?**

夫と私は今週末ロサンゼルスを訪れます。土曜日に，彼は買い物に行き，
私は海辺に行く予定です。日曜日に，私たちは一緒に博物館に行く予定
です。

質問 **女性は土曜日にどこに行きますか。**

1 博物館に行きます。

2 海辺に行きます。

3 ショッピングモールに行きます。

4 図書館に行きます。

✓ 「夫と私は今週末ロサンゼルスを訪れます。」のあとに，On
Saturday, he'll go shopping, and I'll go to the beach.（土曜日
に，彼は買い物に行き，私は海辺に行く予定です。）と言っているの
で，2が適切です。

No.28

🔊 I often help my parents. I give milk to our cat every day, and I cook dinner twice a week. I also clean the bathroom once a week.

Question **How often does the boy clean the bathroom?**

ぼくはよく両親の手伝いをします。毎日猫にミルクをあげ，週に２回夕食を作ります。週に１回浴室の掃除もします。
質問 **少年は週に何回浴室を掃除しますか。**
1 週に１回です。 　　　　　　 2 週に２回です。
3 週に３回です。 　　　　　　 4 毎日です。

📝 最後に I also clean the bathroom once a week.（週に１回浴室の掃除もします。）と言っているので，1 が適切です。

No.29

🔊 Last weekend, my son and I went to a flower festival. We saw many beautiful roses, and we took pictures of them. We had a good time together.

Question **What did the woman do last weekend?**

先週末，息子と私はフラワーフェスティバルに行きました。私たちはたくさんの美しいバラを見て，それらの写真を撮りました。一緒に楽しく過ごしました。
質問 **女性は先週末何をしましたか。**
1 息子の写真を撮りました。
2 フラワーフェスティバルに行きました。
3 美術の授業を受けました。

4 カメラを買いました。

✎ 最初に Last weekend, my son and I went to a flower festival.
（先週末，息子と私はフラワーフェスティバルに行きました。）と言っているので，2が適切です。

📖 WORDS&PHRASES
- □ saw―see（〜を見る）の過去形　　□ take pictures―写真を撮る
- □ took―take の過去形

No.30

🔊 After school, Andy walked to a bookstore.　He bought a new comic book.　He also looked at the calendars and dictionaries.

Question **What did Andy buy?**

放課後，アンディは本屋に歩いて行きました。彼は新しい漫画を買いました。彼はまたカレンダーと辞書も見ました。

質問 **アンディは何を買いましたか。**

1　教科書です。　　　　　　　　　2　カレンダーです。
3　漫画です。　　　　　　　　　　4　辞書です。

✎ 「放課後，アンディは本屋に歩いて行きました。」に続いて，He bought a new comic book.（彼は新しい漫画を買いました。）と言っているので，3が適切です。

📖 WORDS&PHRASES
- □ bought―buy（〜を買う）の過去形　　□ calendar―カレンダー
- □ dictionary―辞書

英検 **4** 級

筆 記 ［p.048 － p.057］

1	(1) 3	(2) 2	(3) 1	(4) 4	(5) 2
	(6) 4	(7) 4	(8) 4	(9) 2	(10) 3
	(11) 3	(12) 1	(13) 2	(14) 4	(15) 1

2	(16) 3	(17) 3	(18) 1	(19) 1	(20) 2

3	(21) 3	(22) 2	(23) 3	(24) 4	(25) 1

4A	(26) 2	(27) 4			
4B	(28) 3	(29) 3	(30) 1		
4C	(31) 3	(32) 2	(33) 2	(34) 2	(35) 3

リスニング ［p.058 － p.063］

第 1 部	[No.1] 1	[No.2] 1	[No.3] 3	[No.4] 2	[No.5] 2
	[No.6] 3	[No.7] 2	[No.8] 1	[No.9] 3	[No.10] 1

第 2 部	[No.11] 2	[No.12] 3	[No.13] 4	[No.14] 1	[No.15] 1
	[No.16] 3	[No.17] 2	[No.18] 3	[No.19] 1	[No.20] 1

第 3 部	[No.21] 3	[No.22] 2	[No.23] 1	[No.24] 4	[No.25] 1
	[No.26] 3	[No.27] 3	[No.28] 1	[No.29] 4	[No.30] 1

(1)　コーチはサッカーの試合の間，選手たちをどなりました。
　　1　care（心配する）の過去形　　　2　play（競技をする）の過去形
　　3　shout（どなる）の過去形　　　4　learn（学ぶ）の過去形

　　☑　shout at～で「～をどなる」という意味を表すので，3が適切です。

　　📖 WORDS&PHRASES
　　□ **coach**—コーチ　　□ **during**—～の間（に）　　□ **game**—試合

(2)　*A:* プレゼントをありがとう，アリス。すごく気に入ったよ。
　　B: それを聞いてうれしいわ。
　　1　疲れた　　2　うれしい　　3　病気で　　4　すてきな

　　☑　〈be動詞＋感情を表す形容詞＋to～〉で「～して…」という意味を表
　　します。ここでは「うれしい」という意味の2を入れるとうまくつな
　　がります。

　　📖 WORDS&PHRASES
　　□ **Thanks for～.**—～をありがとう。　　□ **present**—プレゼント
　　□ **be glad to～**—～してうれしい

(3)　ジェームズは来週スピーチコンテストで自分の大好きな食べ物について
　　話したいと思っています。
　　1　コンテスト　　2　物語　　3　教室　　4　競走

　　☑　空所の直前にspeechがあるので，1を入れると「スピーチコンテス
　　ト」となって文脈に合います。

　　📖 WORDS&PHRASES
　　□ **favorite**—大好きな　　□ **race**—レース，競走

(4)　この町には大きな公園と多くの興味深い博物館があります。
　　1　家　　2　郵便局　　3　レストラン　　4　町

✔ has a big park and many interesting museums（大きな公園と多くの興味深い博物館がある）とあるので，4が適切です。

📖 WORDS&PHRASES
□ post office — 郵便局　　□ restaurant — レストラン

(5) A: あなたは台湾行きの航空券を買いましたか。

B: いいえ。でもこの週末に買います。

1 セール　　**2** 券, チケット　　**3** バッグ　　**4** 数, 数字

✔ 空所の直前にairplane（飛行機）とあるので，2を入れると「航空券」となって意味が通ります。

📖 WORDS&PHRASES
□ buy — 〜を買う　　□ sale — セール　　□ number — 数, 数字

(6) 私のお父さんは車のラジオで音楽を聞くことが好きです。

1 歌手　　**2** 台所　　**3** 時計　　**4** ラジオ

✔ on the radioで「ラジオで」という意味を表すので，4が適切です。

📖 WORDS&PHRASES
□ like to〜 — 〜することが好きである　　□ listen to〜 — 〜を聞く　　□ singer — 歌手

(7) A: 今夜は勉強できないよ。あまりにも眠すぎるんだ。

B: デビッド, 明日あなたは大切なテストがあるのよ。寝る前に少し勉強してちょうだい。

1 近い　　**2** 暖かい　　**3** かわいい　　**4** 眠い

✔ 「今夜は勉強できない」と言っているので，その理由として「あまりに眠いから」とすると意味が通ります。4が適切です。

📖 WORDS&PHRASES
□ too — （あまりにも）〜すぎる　　□ a little — 少し　　□ before — 〜する前に
□ go to bed — 寝る

(8) **A:** ジェニファー，デザートの前に野菜を食べなくてはならないよ。

B: わかっているわ，お父さん。

1 ～しなければならない　　2 来る

3 行く　　　　　　　　　　4 (have to～で) ～しなければならない

☑ 空所の直後にtoがあるので，〈have to＋動詞の原形〉で「～しなけれ
ばならない」という意味を表す4が適切です。

📖 WORDS&PHRASES

□ vegetable — 野菜　　□ dessert — デザート

(9) **A:** 浜辺へ行こうよ。

B: いいよ。行く前に何か料理を作るから，ちょっとの間待ってね。

1 立つ　　2 待つ　　3 ジャンプする　　4 急ぐ

☑ 空所の直後にa minute (1分，ちょっとの間)とあるので，「待つ」と
いう意味の2が適切です。

📖 WORDS&PHRASES

□ Let's ～. — ～しよう。　　□ make＋人＋物 — (人)に(物)を作る　　□ hurry — 急ぐ

(10) **A:** よく料理をするの？

B: うん。毎朝朝食を作るから，6時に起きるんだ。

1 下に　　2 ～から離れて　　3 (wake upで) 起きる　　4 中に

☑ wake upで「起きる，目が覚める」という意味を表すので，3が適切
です。

📖 WORDS&PHRASES

□ often — よく，しばしば　　□ cook — 料理をする　　□ breakfast — 朝食

(11) メアリーは犬を散歩に連れていくのが大好きです。彼女はペットにやさし
いです。

1 りこうな　　2 難しい　　3 やさしい　　4 幸せな

☑ 「彼女はペットに（　　）です。」の空所に入る語として適切なものは，

「やさしい」という意味の3です。

(12) *A:* きみはこの歌を知ってる？

B: うん。この歌の最後の部分はすごくわくわくするね。

1 部分　　**2 時間**　　**3 船**　　**4 時計**

✒ 「この歌の最後の（　　）はすごくわくわくするね。」の空所に入る語として適切なのは、「部分」という意味の1です。

(13) *A:* 今度の土曜日に映画館に行きたいんだ。忙しい？

B: 土曜日には野球の試合があるんだけど、日曜日なら行くことができるよ。

1 be動詞の現在形（主語がIの場合）

2 〜できる

3 haveの過去形

4 〜を持っている

✒ 〈can＋動詞の原形〉で「〜できる」という意味を表すので、2が適切です。ほかの選択肢はgoの前に置くことはできません。

(14) *A:* これはだれの帽子ですか？

B: おや、それは私のものです。

1 私は　　**2 私に**　　**3 私の**　　4 私のもの

✒ Aがだれの帽子かを尋ねているので、「私のもの」という意味を表す4が適切です。

(15)　*A:* 明日は雨かな？

　　B: わからないな。ネットで確認するよ。

　1　確認する（checkの原形）　　　2　checkの3人称単数現在形

　3　checkのing形　　　　　　　4　checkの過去形

✓　〈be going to ＋動詞の原形〉で「〜するつもりだ」という意味を表すので，1のcheckの原形が適切です。

　📖 WORDS&PHRASES
　□ **rain**─雨が降る　□ **tomorrow**─明日

(16) **少女1：**ハロウィーンパーティーをしようよ。

少女2：いいね。私は黒猫になりたいわ。

    1　はじめまして。　　　　2　おかえりなさい。

    3　いいね。　　　　　　　4　またね。

☑　少女2が「私は黒猫になりたいわ。」とパーティーに賛成する返答をしているので，Sounds good.（いいね。）と言っている **3** が適切です。

📖 WORDS&PHRASES

□ sound ― ～に聞こえる　　□ Halloween ― ハロウィーン　　□ want to～ ― ～したい

(17) **教師：**野球は好きですか，ビンセント？

生徒：はい，ホワイト先生。それはぼくの大好きなスポーツで，毎週末やっています。

    1　それは面白くないですし，

    2　ぼくはそれをやらなかったですし，

    3　それはぼくの大好きなスポーツで，

    4　ぼくはよくそれを着ていますし，

☑　空所のあとで「ぼくは毎週末やっています」と言っているので，**3** の It's my favorite sport,（それ（＝野球）はぼくの大好きなスポーツで，）が適切です。

📖 WORDS&PHRASES

□ fun ― 面白いこと　　□ sport ― スポーツ　　□ wear ― ～を着ている

(18) **フロント係：**お客様の部屋番号は101です。こちらが鍵です。

男性：ありがとう。

フロント係：滞在をお楽しみください。

    1　こちらが鍵です。　　　　2　それは9時に閉まります。

    3　どういたしまして。　　　4　それはいい考えです。

☑　空所の前でフロント係が男性に泊まる部屋の番号を伝えているので，

1の Here's your key.（こちらが鍵<ruby>鍵<rt>かぎ</rt></ruby>です。）が<ruby>適切<rt>てきせつ</rt></ruby>です。

□ **here**—ここに　　□ **enjoy**—〜を<ruby>楽<rt>たの</rt></ruby>しむ　　□ **stay**—<ruby>滞在<rt>たいざい</rt></ruby>

---

(19)
<ruby>少年<rt>しょうねん</rt></ruby>：<ruby>今日<rt>きょう</rt></ruby>はいい<ruby>天気<rt>てんき</rt></ruby>だね。<ruby>何<rt>なに</rt></ruby>がしたい？
<ruby>少女<rt>しょうじょ</rt></ruby>：そうねえ。テニスをするのはどう？
<ruby>少年<rt>しょうねん</rt></ruby>：いいね。

　　1　テニスをするのはどう？　　2　<ruby>調子<rt>ちょうし</rt></ruby>はどう？

　　3　それはいくら？　　4　<ruby>天気<rt>てんき</rt></ruby>はどう？

✓　<ruby>少女<rt>しょうじょ</rt></ruby>の<ruby>言葉<rt>ことば</rt></ruby>に<ruby>対<rt>たい</rt></ruby>して，<ruby>少年<rt>しょうねん</rt></ruby>が「いいね。」と<ruby>答<rt>こた</rt></ruby>えていることから，How about playing tennis?（テニスをするのはどう？）と<ruby>提案<rt>ていあん</rt></ruby>している1が<ruby>適切<rt>てきせつ</rt></ruby>です。

□ **Let me see.**—ええと。そうねえ。　　□ **How about〜?**—〜はどうですか。
□ **weather**—<ruby>天気<rt>てんき</rt></ruby>

---

(20)
<ruby>少女<rt>しょうじょ</rt></ruby>1：これは<ruby>私<rt>わたし</rt></ruby>の<ruby>新<rt>あたら</rt></ruby>しい<ruby>腕時計<rt>うでどけい</rt></ruby>よ。どう<ruby>思<rt>おも</rt></ruby>う？
<ruby>少女<rt>しょうじょ</rt></ruby>2：それ<ruby>好<rt>す</rt></ruby>きだわ。

　　1　あなたはどう？　　2　どう<ruby>思<rt>おも</rt></ruby>う？
　　3　<ruby>何<rt>なに</rt></ruby>をしているの？　　4　<ruby>何時<rt>なんじ</rt></ruby>かしら？

✓　<ruby>少女<rt>しょうじょ</rt></ruby>1の「これは<ruby>私<rt>わたし</rt></ruby>の<ruby>新<rt>あたら</rt></ruby>しい<ruby>腕時計<rt>うでどけい</rt></ruby>よ。」と，<ruby>少女<rt>しょうじょ</rt></ruby>2の「それ（＝<ruby>少女<rt>しょうじょ</rt></ruby>1の<ruby>新<rt>あたら</rt></ruby>しい<ruby>腕時計<rt>うでどけい</rt></ruby>）<ruby>好<rt>す</rt></ruby>きだわ。」から，What do you think?（どう<ruby>思<rt>おも</rt></ruby>う？）と<ruby>聞<rt>き</rt></ruby>いている2が<ruby>適切<rt>てきせつ</rt></ruby>です。

□ **watch**—<ruby>腕時計<rt>うでどけい</rt></ruby>　　□ **What about 〜?**—〜はどうですか。

⑵ **Cindy (couldn't go camping because it) was raining today.**

📝 「キャンプに行く」はgo campingと表すので，主語(Cindy)のあとにcouldn't go campingと続けます。次に接続詞because（〜ので）を置いて，because it was raining（雨が降っていたので）と組み立てます。

⑵ **(My brother was writing an e-mail) when I came home.**

📝 「兄はメールを書いていました」は，過去進行形〈was［were］+動詞のing形〉で表します。主語(My brother)のあとにwas writingと置いて，an e-mailを続ければ完成です。

⑵ **(My father gave me a new bike for) my birthday.**

📝 〈give + 人 + 物〉で「(人)に(物)を与える」という意味を表します。My father gave me a new bike（父は私に新しい自転車をくれました）と組み立て，「私の誕生日に」をfor my birthdayと続けます。

⑵ **Nancy (and I were at the concert hall) last night.**

📝 主語は「ナンシーと私」なので，接続詞andを使ってNancy and Iとします。次にbe動詞wereを置いて，at the concert hall（コンサートホールに）と続けます。

⑵ **(May I call you this) afternoon?**

📝 「〜してもいいですか」という疑問文は，助動詞may（〜してもよい）を使ってMay I 〜?の形に組み立てます。「あなたに電話してもいいですか」はMay I call youとなり，最後にthis afternoon（今日の午後）を置きます。

本文の意味

スターリントン動物園
1月のニュース

当園ですばらしい動物たちを見よう！

ホワイトタイガー

1月5日にブラックリバー動物園から2頭のホワイトタイガーがやって来ます。㉖彼らは生後ほぼ6か月です。名前はネラとルルです。

ヒグマ

㉗1月12日にヒグマ1頭がスターリントン動物園に到着します。名前はボビーで，もうすぐ2歳です。

---

(26) ホワイトタイガーたちは何歳ですか。

1 ほぼ2か月です。　　　　　　2 ほぼ6か月です。
3 ほぼ2歳です。　　　　　　　4 ほぼ5歳です。

☑ 下線部㉖に注目します。They're（=The white tigers are）almost six months old. とあるので，正解は2です。

---

(27) ヒグマはいつスターリントン動物園にやって来ますか。

1 1月2日です。　　　　　　　2 1月5日です。
3 1月6日です。　　　　　　　4 1月12日です。

☑ 下線部㉗に注目します。A brown bear will arrive at Sterlington Zoo on January 12. とあるので，正解は4です。

▌▌ WORDS & PHRASES

□ zoo―動物園　　□ January―1月　　□ amazing―すばらしい　　□ almost―ほぼ
□ ～ month(s) old―（生後）～か月　　□ arrive―到着する　　□ ～ year(s) old―～歳

4B

本文の意味

そうしんしゃ
送信者：ポール・ケラー
あてさき
宛先：ジェニー・ピーターソン
ひづけ
日付：9月7日
けんめい
件名：新しいクラブ

こんにちは ジェニー，
学校に新しいチェスクラブができたよ！　ぼくはこの前の夏にチェスのやり方を覚えたんだ。祖父が教えてくれたんだよ。今，ぼくは毎週日曜日に姉［妹］とプレーしているよ。チェスが上手になりたくてクラブに入ったんだ。きみもクラブに入らない？生徒は次の火曜日までに参加登録をしなければならないんだ。㉘クラブメンバーは毎週水曜日の午後に会っているよ。
また明日ね，

ポール

そうしんしゃ
送信者：ジェニー・ピーターソン
あてさき
宛先：ポール・ケラー
ひづけ
日付：9月8日
けんめい
件名：わかったわ！

こんにちは ポール，
私もチェスクラブに入りたいわ！　兄［弟］と私はときどきチェスをするの。㉙父が私たちにルールを教えてくれたのよ。でも兄［弟］はあまりチェスが好きではないから，私はそんなにはやらないの。㉚もっとやりたいから，明日クラブに参加登録をするわ。
じゃあね，

ジェニー

㉘　チェスクラブのメンバーが会うのは…
　　1　月曜日です。　　　　　　　　2　火曜日です。
　　3　水曜日です。　　　　　　　　4　日曜日です。

✍ 下線部㉘に The club members meet every Wednesday afternoon. とあるので，正解は3です。

(29) だれがジェニーにチェスのやり方を教えたのですか。
1 彼女の祖父です。　　　　　　　2 彼女の姉[妹]です。
3 彼女の父親です。　　　　　　　4 彼女の兄[弟]です。

- -

✍ 下線部㉙に Our dad taught us the rules. とあるので，正解は3です。

(30) ジェニーはなぜチェスクラブに入りたいのですか。
1 彼女はもっとチェスがしたいと思っています。
2 彼女はポールの姉[妹]とチェスをしたいと思っています。
3 彼女はトーナメントで勝ちたいと思っています。
4 彼女は兄[弟]とのゲームで勝ちたいと思っています。

- -

✍ 下線部㉚に I want to play more, so I'll sign up for the club… とあるので，正解は1です。

📖 WORDS&PHRASES
☐ September ― 9月　　☐ chess ― チェス　　☐ how to ～ ― ～のしかた
☐ taught ― teach (…に～を教える)の過去形　　☐ join ― ～に加わる
☐ be good at ～ ― ～が得意である　　☐ Why don't you ～? ― ～しませんか。
☐ by ― ～までに　　☐ meet ― 会う　　☐ Wednesday ― 水曜日
☐ rule ― ルール，規則　　☐ not ～ very much ― あまり～ではない
☐ more ― もっと　　☐ win ― ～に勝つ　　☐ tournament ― トーナメント

本文の意味

アンドリューの新しい先生

　アンドリューは去年高校生活を始めました。12月，彼はいくつかのテストを受けました。数学，英語，理科で高得点を取りました。㉛しかし，彼は歴史のテストで低い点を取ったので，両親は心配しました。父親が「もっと一生けんめいに勉強しなければならないよ。」と言いました。でもアンドリューは歴史を勉強するのが好きではありませんでした。

　1月，新しい歴史の先生がアンドリューの学校にやって来ました。彼女は歴史について学ぶためにアンドリューのクラスを興味深い場所へ連れていきました。㉜彼らは4月には城に，5月には歴史博物館に行きました。授業で，彼女の生徒たちは歴史上の有名な人々についてレポートを書きました。㉝アンドリューの友人のサリーは芸術家について書き，友人のビルは国王について書きました。アンドリューは有名な科学者について書きました。

　アンドリューは両親に新しい先生について話しました。彼は「ぼくはもっと歴史について勉強したいと思っているよ。」と言いました。㉞アンドリューの母親は「あなたは図書館に行くべきよ。そこには歴史についてのたくさんの本とビデオがあるわ。」と言いました。㉟今，アンドリューは毎週土曜日の午前中に図書館に行っています。

(31)　アンドリューの両親はなぜ心配したのですか。
　1　アンドリューは歴史の勉強だけをしたがりました。
　2　アンドリューは歴史博物館に遅れて到着しました。
　3　アンドリューはテストで低い点を取りました。
　4　アンドリューは授業に遅刻しました。

- -

　✔　下線部㉛に But he got a low score on his history test, so his parents were worried. とあるので，正解は**3**です。

(32)　アンドリューのクラスは…に城に行きました。
　1　1月　　2　4月　　**3　5月**　　**4　9月**

- -

下線部㉜に They (=Andrew's class) went to a castle in April and a history museum in May. とあるので，正解は2です。

(33) だれが国王についてレポートを書きましたか。

1 サリーです。　　　　　　　　2 ビルです。

3 アンドリューです。　　　　　4 アンドリューの先生です。

下線部㉝に Andrew's friend Sally wrote about an artist, and his friend Bill wrote about a king. とあるので，正解は2です。

(34) だれがアンドリューに図書館について話しましたか。

1 彼の父親です。　　　　　　　2 彼の母親です。

3 彼の先生です。　　　　　　　4 彼の友人です。

下線部㉞に Andrew's mother said, "You should go to the library. …"とあるので，正解は2です。

(35) アンドリューは毎週土曜日の午前中に何をしますか。

1 友人と遊びます。　　　　　　2 書店で働きます。

3 図書館に行きます。　　　　　4 学校に行きます。

下線部㉟に Now, Andrew goes to the library every Saturday morning. とあるので，正解は3です。

WORDS&PHRASES

□ December —12月　　□ took — take (〜を受ける)の過去形　　□ score — 点数

□ history — 歴史　　□ be worried — 心配する

□ harder — hard (一生けんめいに)の比較級　　□ January — 1月　　□ castle — 城

□ April — 4月　　□ museum — 博物館　　□ May —5月

□ wrote — write (〜を書く)の過去形　　□ report — レポート　　□ famous — 有名な

□ artist — 芸術家　　□ scientist — 科学者　　□ told — tell (〜に話す)の過去形

□ library — 図書館

リスニングテスト第1部

（問題　p.058〜059）

〈例題〉

A: Hi, my name is Yuta.
B: Hi, I'm Kate.
A: Do you live near here?
  1　I'll be there.
  2　That's it.
  3　Yes, I do.

「やあ，ぼくの名前はユウタだよ。」
「こんにちは，私はケイトよ。」
「きみはこの近くに住んでいるの？」
  1「そちらに行きます。」
  2「それだわ。」
  3「ええ，そうよ。」

No.1

A: Do you want a drink from the convenience store?
B: Yes, please.
A: What kind do you want?
  1　A bottle of cola.
  2　It's in my bag.
  3　My part-time job.

「コンビニで飲み物がほしい？」

「うん，お願い。」
「どんなものがほしい？」
  1「コーラ1本。」
  2「バッグの中にあるよ。」
  3「ぼくのアルバイトだ。」

✓ What kind（of drink）do you want? に対する答えなので，飲み物の種類を答えている1が適切です。

No.2

A: Let's wash the dog after breakfast.
B: OK, Dad.
A: Can you get some towels and the dog shampoo?
  1　Yes, I can do that.
  2　I'm not hungry.
  3　Well, she's five years old.

「朝食後に犬を洗おうよ。」

「いいよ，お父さん。」
「タオルと犬用シャンプーを取ってきてくれる？」
  1「うん，いいよ。」
  2「おなかはすいていないわ。」
  3「ええと，彼女は5歳よ。」

No.3

A: What are you reading? 「何を読んでいるの？」

B: A Japanese comic book. 「日本の漫画よ。」

A: Cool. Did you buy it? 「いいね。買ったの？」

  1 I want to go one day.   1 「いつか行きたいわ。」

  2 Yeah, we studied   2 「うん，私たちは一緒に勉強し

     together.   たの。」

  3 **No, it was a present.**   3 「ううん，プレゼントだったの。」

No.4

A: Will you take a trip this 「この夏に旅行に行くの？」

  summer?

B: Yes. I'll visit my 「うん。祖父母を訪ねるんだ。」

  grandparents.

A: Where do they live? 「彼らはどこに住んでいるの？」

  1 For three weeks.   1 「3週間だよ。」

  2 In Vancouver.   2 「バンクーバーだよ。」

  3 By plane.   3 「飛行機でだよ。」

📝 Where do they (=your grandparents) live? と場所を聞かれてい
るので，2のIn Vancouver.（バンクーバーだよ。）が適切です。

No.5

A: I drew this picture for 「おばあちゃんにこの絵をかいた
  Grandma. の。」

B: It's pretty. 「きれいだね。」

A: When can I give it to her? 「いつあげられるかな？」

  1 It's too early.   1 「早すぎるよ。」

  2 On Sunday afternoon.   2 「日曜日の午後に。」

  3 Last month.   3 「先月。」

No.6

A: I'm hungry.　　　「おなかがすいたよ。」
B: Do you want an apple?　　「リンゴほしい？」
A: Not really.　　　「それほどでもない。」
　　1　You should check.　　1「確認するべきよ。」
　　2　Sure, I'll make it.　　2「ええ，それを作るわね。」
　　3　OK, have some　　3「わかったわ，それならブドウ
　　　grapes, then.　　　を食べたら。」

 Not really. は I don't want an apple. というような意味なので，OK, have some grapes, then.（わかったわ，それならブドウを食べたら。）とほかのものを提案している**3**が適切です。

No.7

A: My dad made this fried chicken for me.　　「お父さんがこのフライドチキンを作ってくれたの。」
B: How is it?　　　「どう？」
A: I love it.　　　「大好きよ。」
　　1　I don't have any money.　　1「ぼくはお金を持ってないよ。」
　　2　It looks delicious.　　2「おいしそうだね。」
　　3　Yes, I can cook.　　3「うん，料理できるよ。」

 I love it（=the fried chicken）. と言っているので，**2**の It looks delicious.（おいしそうだね。）が適切です。

No.8

A: Are you busy?　　　「忙しい？」
B: Yes, I'm at work.　　「ええ，仕事中なの。」
A: Can we talk this evening?　　「今晩話せるかな？」
　　1　Sure, I'll call you　　1「ええ，あとで電話をかけ直すわ。」
　　　back later.
　　2　You're welcome.　　2「どういたしまして。」
　　3　That's too bad.　　3「それは残念ね。」

No.9

A: Did you enjoy fishing? 「釣りを楽しめた？」

B: Yes. 「うん。」

A: How many fish did you catch? 「何匹魚をとったの？」

 1 Almost all day.   1 「ほとんど1日。」

 2 No, thanks.   2 「いいえ，結構。」

 3 Only three.   3 「たった3匹。」

How many fish did you catch? と聞かれているので，Only three.（たった3匹。）と，とった魚の数を答えている3が適切です。

No.10

A: I'm going to be late. 「遅刻しそうだ。」

B: I'll help you. 「手伝うよ。」

A: Where are my shoes? 「靴はどこかな？」

 1 Near the front door. 1 「玄関のドアの近くだよ。」

 2 In the morning.   2 「朝に。」

 3 They are black.   3 「それらは黒だよ。」

Where are my shoes? と聞かれているので，靴がある場所を答えている1のNear the front door.（玄関のドアの近くだよ。）が適切です。

No.11

A: Excuse me. I'm looking for a dictionary.

B: What kind do you want?

A: A French one.

B: They're on the first floor, near the magazines.

Question **What is the man looking for?**

- - - - - - - - - - - - - - - - - - - -

A: すみません。辞書を探しています。

B: どんなものが欲しいのですか。

A: フランス語の辞書です。

B: それらは1階の，雑誌の近くにあります。

質問 **男性は何を探していますか。**

1　書店です。　　　　　　　　2　辞書です。
3　旅行雑誌です。　　　　　　4　フランス料理店です。

- - - - - - - - - - - - - - - - - - - -

最初にA（男性）が I'm looking for a dictionary.（辞書を探しています。）と言っているので，**2**が適切です。

No.12

A: Wendy, did you put your lunchbox in your bag?

B: Yes, Dad.

A: Great. Did you close the window in your room, too?

B: No. I'll do that now.

Question **What will Wendy do next?**

- - - - - - - - - - - - - - - - - - - -

A: ウエンディ，バッグにお弁当箱を入れた？

B: うん，お父さん。

A: よし。自分の部屋の窓も閉めた？

B: ううん。今そうするわ。

質問 **ウエンディは次に何をしますか。**

1　新しいバッグを買います。　　2　昼食を作ります。

3 窓を閉めます。　　　　　　4 お弁当箱を洗います。

📝 A（お父さん）から Did you close the window in your room, too? と聞かれたB（ウエンディ）がNo. I'll do that now.（ううん。今そうする（＝窓を閉める）わ。）と言っているので，3が適切です。

No.13

🔊 *A:* Let's go to the movies tomorrow.

B: Sorry, I can't.

A: Will you go somewhere?

B: Yes, to the airport to meet a friend from Japan.

Question **Where will the girl go tomorrow?**

A: 明日映画に行こうよ。

B: ごめん，行けないの。

A: どこかに行くの？

B: うん，日本からの友人を迎えに空港に行くの。

質問 **少女は明日どこに行きますか。**

1 映画です。　　　　　　　2 日本です。
3 学校です。　　　　　　　4 空港です。

📝 Aの「どこかに行くの？」に対して，B（少女）がYes,（I'll go）to the airport to meet a friend from Japan.（うん，日本からの友人を迎えに空港に行くの。）と答えているので，4が適切です。

No.14

🔊 *A:* May I help you?

B: How much are these doughnuts?

A: Usually two dollars, but today they're on sale for one dollar each.

B: I'll take five, please.

Question **How much are doughnuts today?**

A: 何^{なに}かお探^{さが}しですか。

B: このドーナツはいくらですか。

A: いつもは2ドルですが，今日^{きょう}はセールで1個^こ1ドルです。

B: 5個^こいただくわ。

質問 **ドーナツは今日^{きょう}いくらですか。**

1　1個^こ1ドルです。　　　　　　2　1個^こ2ドルです。

3　1個^こ4ドルです。　　　　　　4　1個^こ5ドルです。

AがUsually two dollars, but today they're on sale for one dollar each.（いつもは2ドルですが，今日^{きょう}はセールで1個^こ1ドルです。）と言^いっているので，1が適切^{てきせつ}です。

No.15

A: Did you watch TV last night, Tony?

B: No, I didn't. I went to bed at eight o'clock.

A: Why did you go to bed so early?

B: I had soccer practice after school, and I was very tired.

Question **Why did Tony go to bed at eight o'clock?**

A: 昨日^{きのう}の夜^{よる}，テレビを見^みた，トニー？

B: ううん，見^みなかったよ。8時^じに寝^ねたんだ。

A: なんでそんなに早^{はや}く寝^ねたの？

B: 放課後^{ほうかご}サッカーの練習^{れんしゅう}があって，すごく疲^{つか}れたんだ。

質問 **トニーはなぜ8時^じに寝^ねたのですか。**

1　彼^{かれ}は疲^{つか}れました。

2　彼^{かれ}はテレビを見^みました。

3　彼^{かれ}は学校^{がっこう}で一生^{いっしょう}けんめいに勉強^{べんきょう}しました。

4　彼^{かれ}は早^{はや}く起^おきたかったのです。

最後^{さいご}にB（トニー）がI had soccer practice after school, and I was very tired.（放課後^{ほうかご}サッカーの練習^{れんしゅう}があって，すごく疲^{つか}れたんだ。）と言^いっているので，1が適切^{てきせつ}です。

No.16

A: How was your birthday?

B: Great. I got a guitar.

A: Wow!

B: I had dinner at an Italian restaurant, too.

Question **What are they talking about?**

A: 誕生日はどうだった？

B: とてもよかったよ。ギターをもらったんだ。

A: まあ！

B: それにイタリアン料理店で夕食を食べたんだ。

質問 **彼らは何について話していますか。**

1 少女のバンドです。　　　　　　2 少女のギターです。

3 少年の誕生日です。　　　　　　4 少年のイタリア旅行です。

最初にAがHow was your birthday?（誕生日はどうだった？）と聞いていて、そのあともB（少年）の誕生日について話しているので、3が適切です。

No.17

A: Are you busy today?

B: Yes, I'll help at my parents' restaurant.

A: Let's have coffee after that.

B: Sorry. I'll be too tired.

Question **What will the woman do today?**

A: 今日は忙しい？

B: うん、両親のレストランで手伝いをするの。

A: そのあとでコーヒーを飲もうよ。

B: ごめんなさい。あまりにも疲れていて無理だと思うわ。

質問 **女性は今日何をするつもりですか。**

1 仕事を探します。

2 両親のレストランで手伝いをします。

3　家の掃除を手伝います。
4　友人とコーヒーを飲みます。

　Aの「今日は忙しい？」に対して，B（女性）がYes, I'll help at my parents' restaurant.（うん，両親のレストランで手伝いをするの。）と答えているので，2が適切です。

No.18

A: Do you want some strawberry pancakes?

B: No.　Let's make blueberry pancakes.

A: OK.　I'll buy some butter, then.

B: Thanks.

Question　**What will the woman buy?**

A: イチゴのパンケーキがほしい？

B: ううん。ブルーベリーのパンケーキを作ろうよ。

A: いいわよ。それならバターを買うわ。

B: ありがとう。

質問　**女性は何を買いますか。**

1　イチゴです。	2　パンケーキです。
3　バターです。	4　ブルーベリーです。

　Bの「ブルーベリーのパンケーキを作ろうよ。」に対して，A（女性）がOK. I'll buy some butter, then.（いいわよ。それならバターを買うわ。）と答えているので，3が適切です。

No.19

A: Jill, will you go to the music festival?

B: Yes, I'll go with my sister.　What about you, Frank?

A: I'll buy my ticket today.

B: Great!

Question　**Who will buy a ticket today?**

A: ジル，音楽祭に行く？

B: うん，姉［妹］と行くわ。あなたはどう，フランク？

A: 今日チケットを買うつもりだよ。

B: いいね！

質問 だれが今日チケットを買うでしょうか。

1 フランクです。   2 ジルです。

3 フランクの姉［妹］です。   4 ジルの姉［妹］です。

Bの「あなたはどう（＝音楽祭に行く），フランク？」に対して，A（フランク）がI'll buy my ticket today.（今日チケットを買うつもりだよ。）と答えているので，1が適切です。

No.20

A: I loved living in Australia.

B: When did you come back?

A: Two weeks ago. I was there for a year.

B: Wow.

Question **When did the girl come back from Australia?**

A: 私はオーストラリアでの生活が大好きだったわ。

B: いつ帰ってきたの？

A: 2週間前よ。そこには1年間いたの。

B: わあ。

質問 少女はいつオーストラリアから帰ってきましたか。

1 2週間前です。   2 2か月前です。

3 去年です。   4 昨日です。

Bの「いつ帰ってきたの？」に対して，A（少女）がTwo weeks ago.（2週間前よ。）と答えているので，1が適切です。

リスニングテスト第3部 （問題 p.062 〜 063）

No.21

🔊 I'm going to go to Europe next year. I'll stay in France for two weeks and Germany for one week. Then, I'll go to Spain for five days.

Question **How long will the woman stay in France?**

- -

私は来年ヨーロッパへ行くつもりです。フランスに2週間，ドイツに1週間滞在します。その後，スペインに5日間行きます。

質問 **女性はフランスにどれくらい滞在するでしょうか。**

1　5日間です。	2　1週間です。
3　2週間です。	4　1年間です。

- -

✅ 「私は来年ヨーロッパへ行くつもりです。」のあとに，I'll stay in France for two weeks（私はフランスに2週間滞在します）と言っているので，3が適切です。

📖 WORDS&PHRASES
- □ **be going to 〜** ── 〜するつもりだ　□ **stay** ── 滞在する
- □ **How long 〜?** ── どれくらいの期間〜か。

No.22

🔊 My family went on a trip to the beach last week. We went by car because we took our dog.

Question **What is the boy talking about?**

- -

ぼくの家族は先週海辺へ旅行に行きました。犬を連れていたので車で行きました。

質問 **少年は何について話していますか。**

1　彼の大好きなスポーツです。	2　彼の家族旅行です。
3　彼の大好きな動物です。	4　彼の新しい車です。

- -

✅ 最初に My family went on a trip to the beach last week. (ぼくの

家族は先週海辺へ旅行に行きました。）と言っていて，そのあとも旅行について話しているので，2が適切です。

📖 WORDS&PHRASES
□ trip—旅行　□ by—～で　□ took—take（～を連れていく）の過去形

No.23

🔊 On Saturday, Jim played baseball in the park with his friends. He found a bag on a bench, so he took it to the police station.

Question **Why did Jim go to the police station?**

- -

土曜日，ジムは友人と公園で野球をしました。彼はベンチでバッグを見つけたので，それを警察署に持っていきました。

質問 ジムはなぜ警察署に行ったのですか。
1 彼はバッグを見つけました。
2 彼はセーターを見つけました。
3 彼は野球のボールをなくしました。
4 彼は帽子をなくしました。

- -

✅ 最後に He（=Jim）found a bag on a bench, so he took it to the police station.（彼はベンチでバッグを見つけたので，それを警察署に持っていきました。）と言っているので，1が適切です。

📖 WORDS&PHRASES
□ found—find（～を見つける）の過去形　□ bench—ベンチ
□ police station—警察署

No.24

🔊 My science homework was really hard, so I asked my brother for help. He was busy. My mother wasn't home, but my father helped me.

Question **Who helped the girl with her homework?**

- -

私の理科の宿題はほんとうに難しかったので，兄に助けを求めました。彼は忙しかったのです。母は家にいなかったのですが，父が手伝ってく

れました。

質問 だれが少女の宿題を手伝いましたか。

1 彼女の先生です。　　　　　　2 彼女の兄[弟]です。
3 彼女の母親です。　　　　　　4 彼女の父親です。

- -

✍ 最後に my father helped me（父が手伝ってくれました）と言っているので，4が適切です。

📖 WORDS&PHRASES
□ ask──〜に頼む，〜に求める　　□ help＋人＋with 〜──（人）の〜を助ける

No.25

🔊 Now for the weather. This afternoon will be cold and rainy. It won't rain tonight, but it will be windy. Tomorrow morning, it will be sunny.

Question **When will it be rainy?**

- -

さて次は天気です。今日の午後は寒くて雨が降るでしょう。今夜は雨は降りませんが，風が強くなります。明日の午前中は晴れるでしょう。

質問 いつ雨が降りますか。

1 今日の午後です。　　　　　　2 今夜です。
3 明日の朝です。　　　　　　　4 明日の午後です。

- -

✍ 「さて次は天気です。」に続いて，This afternoon will be cold and rainy.（今日の午後は寒くて雨が降るでしょう。）と言っているので，1が適切です。

📖 WORDS&PHRASES
□ now for──さて次は〜　　□ weather──天気　　□ won't──will not の短縮形

No.26

🔊 I went to the zoo with my sister yesterday. We saw some pandas. They ate and played outside. I took pictures of my sister with the animals.

Question **What did the boy do yesterday?**

ぼくは昨日妹[姉]と動物園に行きました。ぼくたちはパンダを見ました。彼らは外で食事をして遊びました。ぼくは動物と一緒の妹[姉]の写真を撮りました。

質問 少年は昨日何をしましたか。

1 食べ物を料理しました。　　2 パンダの絵をかきました。
3 写真を撮りました。　　　　4 動物にエサをやりました。

☑️ 最後に少年がI took pictures of my sister with the animals. (ぼくは動物と一緒の妹[姉]の写真を撮りました。)と言っているので，3が適切です。

No.27

🔊 Jeff went to the store yesterday. There was no beef, so he bought chicken. Today, he made chicken curry.

Question **What did Jeff buy yesterday?**

ジェフは昨日店へ行きました。牛肉がなかったので，とり肉を買いました。今日，彼はチキンカレーを作りました。

質問 ジェフは昨日何を買いましたか。

1 カレーです。　　　　　　2 デザートです。
3 とり肉です。　　　　　　4 牛肉です。

☑️ 「ジェフは昨日店へ行きました。」のあとに，There was no beef, so he bought chicken. (牛肉がなかったので，とり肉を買いました。)と言っているので，3が適切です。

No.28

Welcome to Hilltop Department Store. Men's and women's clothes are on the first floor, and children's clothes are on the second floor. Have a great day!

Question **What can people buy on the second floor?**

ヒルトップデパートへようこそ。男性服および女性服は1階，子ども服は2階にございます。すばらしい1日を！

質問 **2階で何を買えますか。**

1 子ども服です。　　　　　　2 男性服です。
3 女性服です。　　　　　　　4 おもちゃです。

children's clothes are on the second floor（子ども服は2階にございます）と言っているので，1が適切です。

■ WORDS&PHRASES
□ **Welcome to ~.** — ~へようこそ。　□ **clothes** — 衣服　□ **floor** — （建物の）階

No.29

Tom's friends will go to a baseball game today. Tom can't go to it because he will go on a camping trip.

Question **What will Tom do today?**

トムの友人は今日野球の試合に行く予定です。トムはキャンプ旅行に行くので試合には行けません。

質問 **トムは今日何をする予定ですか。**

1 公園で友人と会います。　　2 野球の練習に行きます。
3 修学旅行に行きます。　　　4 キャンプ旅行に行きます。

最後にTom can't go to it because he will go on a camping trip.（トムはキャンプ旅行に行くのでそれには行けません。）と言っているので，4が適切です。

■ WORDS&PHRASES
□ **game** — 試合　□ **practice** — 練習

🔊 Attention, please.　Greenlake Supermarket will close at 9:30 tonight.　The café will be open until 9:15.　We will open tomorrow morning at 8:15.

Question **What time will Greenlake Supermarket open tomorrow?**

お知らせします。今夜グリーンレイクスーパーマーケットは9時30分に閉店する予定です。カフェは9時15分まで営業する予定です。明日の朝は8時15分に開店する予定です。

質問 明日グリーンレイクスーパーマーケットは何時に開店しますか。

1　8時15分です。　　　　　　2　8時30分です。
3　9時15分です。　　　　　　4　9時30分です。

☑ 最後にWe will open tomorrow morning at 8:15.（明日の朝は8時15分に開店する予定です。）と言っているので，1が適切です。

📖 WORDS&PHRASES

□ **Attention, please.**─お知らせします。　　□ **until**─〜まで
□ **What time 〜?**─何時に〜か。

英検 4 級

筆記 [p.066 - p.075]

1
(1) 3	(2) 1	(3) 2	(4) 4	(5) 1
(6) 1	(7) 3	(8) 1	(9) 2	(10) 3
(11) 3	(12) 3	(13) 1	(14) 3	(15) 1

2
(16) 2	(17) 3	(18) 2	(19) 4	(20) 2

3
(21) 1	(22) 1	(23) 1	(24) 4	(25) 3

4A
(26) 2	(27) 4

4B
(28) 3	(29) 1	(30) 2

4C
(31) 2	(32) 1	(33) 1	(34) 3	(35) 4

リスニング [p.076 - p.081]

第1部
[No.1] 3	[No.2] 1	[No.3] 2	[No.4] 3	[No.5] 3
[No.6] 1	[No.7] 3	[No.8] 1	[No.9] 3	[No.10] 2

第2部
[No.11] 3	[No.12] 2	[No.13] 4	[No.14] 1	[No.15] 2
[No.16] 4	[No.17] 4	[No.18] 1	[No.19] 3	[No.20] 2

第3部
[No.21] 4	[No.22] 3	[No.23] 3	[No.24] 2	[No.25] 3
[No.26] 1	[No.27] 2	[No.28] 1	[No.29] 4	[No.30] 3

(1) *A:* 次の電車が来るまでにどれくらい時間がありますか。

B: 約5分です。

1 道に迷った　2 明快な　3 次の　4 重い

✓　Aの「（　　）電車が来るまでにどれくらい時間がありますか。」の空所に入る語として，「次の」という意味の**3**が適切です。

📖 WORDS&PHRASES

□ **How much time 〜?**―どれくらいの時間〜か。　□ **before**―〜する前に，〜するまで

(2) *A:* あなたは今日どれくらいテニスをしましたか。

B: 2時間です。

1 〜の間　2 〜以来　3 〜と一緒に　4 〜を通り抜けて

✓　「どれくらいテニスをしたか」と，テニスをした時間の長さを聞かれているので，「〜の間」という意味の**1**が適切です。

📖 WORDS&PHRASES

□ **How long 〜?**―どれくらい長く〜か。　□ **tennis**―テニス

(3) *A:* あっ，しまった！　日にちを書きまちがえた。あなたの消しゴムを使ってもいいですか。

B: いいですよ。はい，どうぞ。

1 ベルト　2 消しゴム　3 コート　4 地図

✓　Aが「日にちを書きまちがえた」と言っているので，Bに借りるものとして「消しゴム」という意味の**2**が適切です。

📖 WORDS&PHRASES

□ **wrote**―**write**（〜を書く）の過去形　□ **wrong**―まちがった

(4) 冬には，カナダのいくつかの都市で気温がとても低くなります。

1 故郷の町　2 住所　3 問題　4 気温

✒️ 「冬には, …（　　）がとても寒い（＝低温になる）」の空所に入る名詞として, 「気温」という意味の4が適切です。

(5) 毎年, 私は祖母に花を送ります。彼女の誕生日はクリスマスです。

1 〜を送る　　2 〜を保つ　　3 〜を信じる　　4 〜を忘れる

✒️ 「私は祖母に花（　　）。」の空所に入る動詞として, 「〜を送る」という意味の1が適切です。

(6) A: とても眠いけど, 宿題を終わらせなくちゃならないの。
B: 寝て明日早く起きなさい。

1 眠い　　2 地元の　　3 退屈な　　4 豊かな

✒️ Bが「寝て明日早く起きなさい。」と言っているので, 「眠い」という意味の1が適切です。

(7) A: 今週末に買い物に行こうか, お母さん？
B: 日曜日に行きましょう。私は土曜日は忙しいの。

1 速い　　2 弱い　　3 忙しい　　4 注意深い

✒️ 「週末（＝土曜日・日曜日）に買い物に行こうか」と聞かれて, 「日曜日に行きましょう。私は土曜日は（　　）。」と言っているので, 「忙しい」という意味の3が適切です。

(8) *A:* あなたは走るのが速すぎます。速度を落としてくれませんか。

B: はい。

1 (slow downで)速度を落とす   2 およそ

3 長く   4 しばしば，よく

✓ slow downで「速度を落とす」という意味を表すので，1が適切です。直前の「あなたは走るのが速すぎます。」という文にもうまくつながります。

📖 WORDS&PHRASES

□ too ――〜すぎる   □ fast ―速く   □ Can you 〜? ――〜してくれませんか。

---

(9) *A:* テレビを消して。すぐにここに来て手伝ってちょうだい。

B: わかったよ，お母さん。

1 〜として   2 (at onceで)すぐに   3 〜の中に   4 〜の

✓ at onceで「すぐに，ただちに」という意味を表すので，2が適切です。直前のCome here（ここに来て）にもうまくつながります。

📖 WORDS&PHRASES

□ turn off 〜 ――〜を消す，止める   □ help ――〜を助ける，手伝う

---

(10) バートン先生には校内コンサートについてよい考えがあります。彼女は授業のあとで私たちに話したいと思っています。

1 方法   2 側面   3 考え   4 米

✓ 「校内コンサートについてよい（　　）がある」の空所に入る語として，「考え」という意味の3が適切です。

📖 WORDS&PHRASES

□ concert ―コンサート   □ want to 〜 ――〜したい   □ speak ―話す

---

(11) *A:* 一緒にニュースを見ようよ，おじいちゃん。

B: ちょっと待って。眼鏡を取ってくる。

1 心配，苦労   2 レッスン

3 (Just a moment.で)ちょっと待って。   4 ポケット

☑ Just a moment. で「ちょっと待って。」という意味を表すので，3が適切です。

■■ WORDS&PHRASES

☐ **together**—一緒に　☐ **grandpa**—おじいちゃん　☐ **get**—〜を取ってくる

(12) *A:* あなたのお兄さん[弟さん]は有名な歌手に似ていますね。

B: ほんとに？　彼に言います。

1 〜の上に	2 〜について
3 (look like 〜で)〜に似ている	4 〜へ

☑ look like 〜 で「〜に似ている，〜のように見える」という意味を表すので，3が適切です。

■■ WORDS&PHRASES

☐ **famous**—有名な　☐ **singer**—歌手　☐ **I'll**—I will の短縮形

(13) *A:* どこに行くの？

B: ジョーの家でテレビゲームをする予定なんだ。

A: 夕食前に帰ってきなさい。

1 (be going に続く形で)〜をする予定だ

2 play の過去形

3 play の ing 形

4 play の3人称単数現在形

☑ 空所の前に I'm going とあることから，be going to 〜 (〜する予定だ)の文だとわかるので，1が適切です。

■■ WORDS&PHRASES

☐ **video game**—テレビゲーム　☐ **come home**—帰宅する

(14) 私のおじさんは人を助けることが好きなので，警察官になりました。

1 〜を助ける	2 help の3人称単数現在形
3 help の ing 形	4 help の過去形

空所の直前に動詞likeがあるので，動詞のing形を続けると like 〜ing で「〜することが好きだ」という意味になります。3が適切です。

📖 WORDS&PHRASES
□ **became** — become（〜になる）の過去形　　□ **police officer** — 警察官

(15)　A: この帽子を箱に入れましょうか，お客様？
　　　B: ええ，お願いします。息子へのプレゼントなんです。

1 （Shall I 〜? で）〜しましょうか。
2 疑問文を作る助動詞(主語が3人称単数の場合)
3 現在完了形を作る助動詞
4 be動詞の原形

Shall I 〜? で「〜しましょうか。」と申し出るときに使う文になるので，1が適切です。3は「私はこの帽子を箱に入れましたか」という意味になって会話が成り立ちません。

📖 WORDS&PHRASES
□ **put 〜 in …** — 〜を…に入れる　　□ **hat** — 帽子　　□ **present** — プレゼント

(16) 娘: 今日，市民プールに泳ぎに行ったの。
父: 楽しそうだね。バスに乗って行ったの？
娘: ううん，歩いたよ。

　　1　それは新しいの？　　　　2　バスに乗って行ったの？
　　3　一緒に行っていい？　　　4　晴れてた？

☑ 最初に市民プールに行ったと話している娘が，父に「ううん，歩いたよ。」と答えているので，「バスに乗って行ったの？」とたずねている2が適切です。

📖 WORDS&PHRASES
　□ went — go(行く)の過去形　　□ go swimming — 泳ぎに行く　　□ sound — 〜に聞こえる

(17) 息子: ぼくとこのコンピューターゲームをしない，お母さん？
母親: すごく難しそうね。
息子: 心配しないで。簡単だよ。

　　1　私も買ったわ。
　　2　私は職場で使ってるわ。
　　3　すごく難しそうね。
　　4　私の大好きなゲームよ。

☑ 母親にコンピューターゲームを一緒にしないかと誘いかけた息子が，母親の応答のあとに「心配しないで。簡単だよ。」と言っていることから，「すごく難しそうね。」という意味の3が適切です。

📖 WORDS&PHRASES
　□ bought — buy(〜を買う)の過去形　　□ at work — 職場で　　□ look — 〜に見える

(18) 妻: このカレーすごくおいしい。もう少しもらっていい？
夫: もちろん。はい，どうぞ。

　　1　どうやって作ったの？　　　2　もう少しもらっていい？
　　3　いくらだったの？　　　　　4　私のためにやってくれる？

夫がOf course.（もちろん。）と答えたあと，Here you are.（はい，ど
うぞ。）と言っているので，カレーをおいしいと思った妻の発言として
「もう少しもらっていい？」とたずねている**2**が適切です。

WORDS & PHRASES
□ **delicious**—おいしい　□ **more**—もっと多くのもの　□ **How much ～?**—～はいくらか。

(19)　**少年1:** 英語クラブには何人生徒がいるの？
　　少年2: 約30人だよ。
　　少年1: わあ！　大勢だね。

　　　　1 たった5ドルだよ。　　　　**2** 週に2回だよ。
　　　　3 2時45分にだよ。　　　　**4** 約30人だよ。

少年1が英語クラブに所属する生徒の人数をたずねていることから，
About 30. と数（ここでは人数）を答えている**4**が適切です。〈How
many + 複数名詞 + are there in …?〉で「…の中には～が何人いる［い
くつある］か。」という意味を表します。

WORDS & PHRASES
□ **a lot**—たくさんの人［もの］　□ **twice**—2回　□ **about**—約，およそ

(20)　**母親:** 何か食べるものはほしい，クリス？
　　息子: うん，お願い。ポテトチップがほしいな。

　　　　1 ぼくのを使えるよ。
　　　　2 ポテトチップがほしいな。
　　　　3 それはスーパーのそばだよ。
　　　　4 彼女に質問するよ。

母親に食べ物はほしいかたずねられた息子が，Yes, please. と答えて
いることから，I'd like some potato chips.（ポテトチップがほしい。）
と言っている**2**が適切です。

WORDS & PHRASES
□ **something to ～**—何か～するもの　□ **mine**—私のもの　□ **by**—～のそばに

⑴ **Please (tell me your new address).**

☑ 「AにBを教える[言う]」は〈tell A B〉の語順で表します。ここでは，Aに当たるのがme（私に），Bに当たるのがyour new address（あなたの新しい住所を）となります。

⑵ **Mr. Smith, (do we need a calculator for) the math test?**

☑ 「私たちは～が必要ですか。」という一般動詞の疑問文なので，主語（we）の前にdoを置いて，do we need ～?と組み立てます。「数学のテスト（のため）に」はfor the math testとなります。

⑶ **Let's (stop practicing the piano and have) some tea.**

☑ 「～しましょう。」は，Let'sのあとに動詞の原形を続けます。「ピアノの練習を止めて」をstop practicing the pianoと表し，「お茶にする」をhave some teaとして，andでつなげます。

⑷ **(Is Meg a member of the drama club)?**

☑ 疑問文なので，主語Megの前にbe動詞isを置いて，Is Megとします。「～のメンバー」はa member of ～ と表すので，「演劇部のメンバー」は，a member of the drama clubとなります。

⑸ **We went to (see the baseball game between Japan and) the United States.**

☑ まず，We went to see the baseball game（私たちは野球の試合を見に行った）と組み立てます。次に「日本対アメリカの」をbetween A and B（AとBの間の）の形で表し，gameのあとに続けます。

4A

（問題　p.070 ～ 071）

本文の意味

すばらしい音楽の夜をお楽しみください

キングストン高校のギタークラブがコンサートを開催します。

日にち：5月3日（土曜日）
時刻：午後6時～8時
場所：学校の体育館
㉖チケット：5ドル（生徒）
10ドル（保護者）

㉗コンサート後，学校のカフェテリアでみなさんに軽食と飲み物が提供されます。
体育館は午後5時に開場します。

(26) 生徒のチケットはいくらですか。

1　2ドルです。　　　　　　　2　5ドルです。
3　7ドルです。　　　　　　　4　10ドルです。

✔ 下線部㉖に Tickets: $5 for students とあるので，正解は2です。

(27) コンサート後，人々は何ができますか。

1　ギターを弾く。　　　　　　2　学校の体育館で走る。
3　CDを聞く。　　　　　　　4　カフェテリアで飲食する。

✔ 下線部㉗に Everyone can have some snacks and drinks in the school cafeteria after the concert. とあるので，正解は4です。

📖 WORDS&PHRASES

□ **enjoy**―～を楽しむ　□ **night**―夜　□ **music**―音楽　□ **high school**―高校
□ **guitar club**―ギタークラブ　□ **concert**―コンサート　□ **date**―日付，日にち
□ **May**―5月　□ **place**―場所　□ **gym**―体育館　□ **ticket**―チケット
□ **snack**―軽食　□ **drink**―飲み物　□ **cafeteria**―カフェテリア，食堂

本文の意味

送信者：デビッド・プライス
宛先：エル・プライス
日付：8月10日
件名：宿題

親愛なるおばあちゃん，

先週の海辺への旅行はどうだった？　ぼくを助けてもらえるかな？　㉘昔の家族写真が必要なんだ。歴史の授業でそれらを使いたくて。おばあちゃんは写真をたくさん持ってるよね？　今週の土曜日に訪ねに行って何枚か取りに行ってもいいかな？ぼくはお父さんの写真が好きなんだ。当時のお父さんは若かったよね。

愛をこめて，

デビッド

送信者：エル・プライス
宛先：デビッド・プライス
日付：8月11日
件名：あなたの訪問

こんにちは デビッド，

旅行はすごく楽しかったわ。㉙土曜日は買い物に行くけど，日曜日の午後に来ていいわよ。それから，そのとき菜園で手伝ってくれないかしら？　トマトを育てているの。いくつか採れるから，㉚あなたにトマトスープを作ってあげるわ。トマトを持って帰って，お母さんにあげることもできるわよ。彼女はサラダを作るのにそれを使えるわ。

愛をこめて，

おばあちゃん

㉘　デビッドがする必要があるのは…
1　歴史の本を読むことです。　　　　2　新しいカメラを買うことです。
3　家族写真を手に入れることです。　4　父親の絵をかくことです。

☑ 下線部㉘に I need some old family photos. とあるので，正解は3です。

(29) デビッドの祖母は土曜日に何をするでしょうか。
1 買い物に行きます。　　　　　　　2 海辺へ旅行に行きます。
3 サラダを作ります。　　　　　　　4 デビッドの家を訪ねます。

☑ 下線部㉙に I'll go shopping on Saturday とあるので，正解は1です。

(30) デビッドの祖母はデビッドに何と言っていますか。
1 彼女は彼にランチを買います。
2 彼女は彼にトマトスープを作ります。
3 彼女はトマトが好きではありません。
4 彼女は彼の母親と話したいのです。

☑ 下線部㉚に I'll make tomato soup for you とあるので，正解は2です。

WORDS & PHRASES

□ August—8月	□ homework—宿題	□ dear—親愛なる
□ Grandma—おばあちゃん	□ trip—旅	□ beach—海辺
□ Can you ～?—～してくれますか。	□ family—家族	□ photo—写真
□ want to ～—～したい	□ history—歴史	□ a lot of ～—たくさんの～
□ picture—写真	□ ～, right?—～だよね？	□ Can I ～?—～してもいいですか。
□ visit—～を訪ねる	□ Saturday—土曜日	□ get—～を得る，取りに行く
□ some—いくつか	□ dad—お父さん	□ then—そのとき，当時は
□ enjoy—～を楽しむ	□ go shopping—買い物に行く	□ Sunday—日曜日
□ afternoon—午後	□ grow—～を育てる	□ tomato—トマト
□ pick—～を摘む	□ soup—スープ	□ take ～ home—～を家に持ち帰る
□ salad—サラダ	□ need to ～—～する必要がある	□ buy—～を買う
□ camera—カメラ	□ draw—(線画)をかく	□ take a trip to ～—～に旅行する

本文の意味

新しい友達

　サムは大学１年生です。_㉛彼の大学は家から遠いので，週末はたいてい図書館で勉強します。最初，彼は退屈で寂しく思いました。

　ある日，サムの歴史のクラスの女子が話しかけてきました。彼女は「私の名前はミンディよ。今週末，私や私の友達とキャンプに行かない？」と言いました。サムは「もちろん！」と言いました。

　それはサムがキャンプに行く初めての機会でした。_㉜金曜日，彼はミンディから特別なリュックサックと寝袋を借りました。_㉝彼女はサムに，「暖かい服を持ってきてね。私の友達がテントを持ってるわ。」と言いました。サムは「ぼくたちはものすごくおなかがすくだろうなあ。」と思いました。それで，彼はリュックサックに食べ物をたくさん入れました。

　土曜日，彼らはレイザーマウンテンを歩いて登りました。_㉞サムのリュックサックは重かったので，彼は疲れました。ミンディの友達がキャンプファイアで夕食を料理して，_㉟サムが食べ物をたくさん持ってきたのでみんな幸せでした。サムは楽しく過ごし，彼らはまたキャンプに行く計画を立てました。

(31) **サムは週末にたいてい何をしますか。**
1 彼は大学で働きます。　　2 彼は図書館で勉強します。
3 彼は夕食を料理します。　4 彼はミンディの家に泊まります。

　✎　下線部㉛に…, so he usually studies at the library on weekends. とあるので，正解は２です。

(32) **金曜日に，サムは…**
1 ミンディからリュックサックと寝袋を借りました。
2 ミンディと彼女の友達のために昼食を作りました。
3 ミンディと歴史のテストに向けて勉強しました。
4 ミンディの友達と買い物に行きました。

　✎　下線部㉜に On Friday, he borrowed a special backpack and a

sleeping bag from Mindy.とあるので，正解は 1 です。

(33) ミンディはサムに何と言いましたか。
1 彼は暖かい服を持ってくるべきです。
2 彼は新しいテントを買うべきです。
3 彼は靴を手に入れるべきです。　4 彼は地図を手に入れるべきです。

- -

📝 下線部㉝に She told Sam, "Bring some warm clothes. …"とあるので，正解は 1 です。

(34) なぜサムは疲れたのですか。
1 彼はあまり眠らなかったのです。
2 彼は十分な食べ物を食べなかったのです。
3 彼のリュックサックが重かったのです。
4 その山がとても大きかったのです。

- -

📝 下線部㉞に Sam's backpack was heavy, so he was tired.とあるので，正解は 3 です。

(35) なぜミンディと彼女の友達は幸せだったのですか。
1 サムが彼らに昼食を作ったのです。
2 サムがキャンプファイアを始めたのです。
3 サムがパーティーの計画を立てたのです。
4 サムが食べ物をたくさん持ってきたのです。

- -

📝 下線部㉟に everyone was happy because Sam brought a lot of food とあるので，正解は 4 です。

📖 WORDS&PHRASES

□ college—大学　　□ far from ～—～から遠い　　□ on weekends—毎週末に
□ at first—最初は　　□ bored—退屈な　　□ lonely—寂しい
□ spoke—speak(話す)の過去形　　□ go camping—キャンプに行く
□ borrow—～を借りる　　□ special—特別な　　□ told—tell(～に言う)の過去形
□ bring—～を持ってくる　　□ warm—暖かい　　□ clothes—衣服
□ thought—think(～と思う)の過去形　　□ get hungry—おなかがすく
□ a lot of ～—たくさんの～　　□ food—食べ物　　□ walk up ～—～を歩いて登る
□ heavy—重い　　□ tired—疲れた　　□ brought—bring(～を持ってくる)の過去形
□ had—have(～を経験する)の過去形　　□ have fun—楽しむ　　□ plan—計画

リスニングテスト第1部

（問題　p.076〜077）

〈例題〉

A: Hi, my name is Yuta.

B: Hi, I'm Kate.

A: Do you live near here?

1　I'll be there.

2　That's it.

3　Yes, I do.

「やあ，ぼくの名前はユウタだよ。」

「こんにちは，私はケイトよ。」

「きみはこの近くに住んでいるの？」

1　「そちらに行きます。」

2　「それだわ。」

3　「ええ，そうよ。」

No.1

A: Look at my new ring.

B: Was it a present?

A: No. I bought it.

1　More than 50 dollars.

2　You're welcome.

3　It's pretty.

「私の新しい指輪を見て。」

「それ，プレゼント？」

「いいえ。買ったのよ。」

1　「50ドルより高いね。」

2　「どういたしまして。」

3　「きれいだね。」

No.2

A: Hello.

B: Hi. Can you clean this shirt by Friday?

A: Yes. It'll be ready on Thursday.

1　That's great.

2　This is my favorite.

3　I'd like to have my shirt.

「こんにちは。」

「こんにちは。このシャツを金曜日までにクリーニングできますか。」

「はい。木曜日にご用意できます。」

1　「すばらしい。」

2　「私のお気に入りなんだ。」

3　「私のシャツがほしいです。」

☑　希望する金曜日より前の木曜日にシャツのクリーニングが完了すると言われたので，That's great.（すばらしい。）と感心している**1**が適切です。

A: What do you do, Peter?	「仕事は何をしてるの，ピーター？」
B: I'm a pilot. How about you?	「ぼくはパイロットだよ。きみは？」
A: I teach piano to children.	「私は子どもにピアノを教えてるの。」
1 In the future.	1「将来ね。」
2 That sounds like fun.	2「面白そうだね。」
3 Yes, one daughter.	3「うん，娘が一人。」

A: Dad, look at those birds.	「お父さん，あの鳥たちを見て。」
B: They're pretty.	「かわいいね。」
A: Are they looking for food?	「食べ物を探しているのかな？」
1 I'll try.	1「やってみるよ。」
2 I'm hungry.	2「おなかすいたなあ。」
3 I think so.	3「そうだと思うよ。」

✎ 「彼ら（＝鳥たち）は食べ物を探しているのかな？」とたずねられているので，I think so.（そうだと思うよ。）と答えている3が適切です。look for ～ は「～を探す」という意味の表現です。

A: Your birthday is next week, right?	「あなたの誕生日は来週よね？」
B: Yes, it's on Monday.	「うん，月曜日だよ。」
A: Will you have a party?	「パーティーをするの？」
1 Right, I came late.	1「その通り，ぼくは遅れて来たよ。」
2 Yes, a new camera.	2「うん，新しいカメラだよ。」
3 No, not this year.	3「いいや，今年はしないよ。」

✎ 「（誕生日）パーティーをするの？」という問いに対して，No, not this year.（いいや，今年はしないよ。）と答えている3が適切です。No, I will not have a party this year. を短く答えた形です。

No.6

A: You're walking very slowly today, Steve.

B: I'm sorry, Mom.

A: Do you feel sick?

  1 No, I'm just tired.

  2 Yes, it was a race.

  3 OK, let's eat something.

「今日はずいぶんゆっくり歩いてるわね，スティーブ。」

「ごめん，お母さん。」

「気分が悪いの？」

  1「ううん，疲れているだけ。」

  2「うん，競走だったんだ。」

  3「いいよ，何か食べよう。」

No.7

A: Do you want to play video games today?

B: Of course.

A: Can you come to my house at ten?

  1 Yes, I know that game.

  2 No, I didn't win.

  3 OK, see you soon.

「今日テレビゲームをしない？」

「もちろん。」

「10時に私の家に来られる？」

  1「うん，そのゲーム知ってる。」

  2「いいや，勝たなかったよ。」

  3「いいよ，あとでね。」

✍ 「10時に私の家に来られる？」とたずねられているので，OK, see you soon. (いいよ，あとでね。)と答えている**3**が適切です。

No.8

A: I need a new notebook.

B: OK. Let's go to the bookstore.

A: Where is it?

  1 There's one on the second floor.

  2 Yes, it's very good.

  3 I bought one yesterday.

「新しいノートが必要なんだ。」

「わかったわ。書店に行きましょう。」

「どこにあるの？」

  1「2階にあるわよ。」

  2「ええ，すごくいいわ。」

  3「昨日1冊買ったわ。」

✍ Where is it (＝the bookstore)?と，場所をたずねられているので，

There's one on the second floor.（2階にあるわよ。）と答えている1が適切です。

No.9

🔊

A: Wow, that's a nice jacket, Mary.	「わあ，すてきな上着だね，メアリー。」
B: Thanks!	「ありがとう！」
A: When did you buy it?	「いつ買ったの？」
1 My mother.	1 「私の母よ。」
2 Red and blue.	2 「赤と青よ。」
3 Last Sunday.	3 「この前の日曜日よ。」

📝 When did you buy it (= the jacket)? と，メアリーが上着を買った「時」を聞かれているので，Last Sunday.（この前の日曜日よ。）と答えている3が適切です。

No.10

🔊

A: Let's travel to another country next summer.	「今度の夏は外国へ旅行しよう。」
B: Great idea.	「いい考えね。」
A: Where do you want to go?	「どこに行きたい？」
1 For two weeks.	1 「2週間。」
2 China or Japan.	2 「中国か日本。」
3 In my suitcase.	3 「私のスーツケースの中。」

📝 Where ～?（どこへ～か。）と行きたい「場所」をたずねられているので，China or Japan.（中国か日本。）と答えている2が適切です。

リスニングテスト第2部 （問題　p.078 〜 079）

No.11

A: Is that a picture of Osaka?

B: Yes. I lived there when I was younger.

A: Really?

B: Yeah. My grandparents still live there now.

Question **Who lives in Osaka now?**

A: あれは大阪の写真？

B: うん。もっと幼いとき大阪に住んでいたんだ。

A: ほんとに？

B: うん。祖父母は今まだそこに住んでいるよ。

質問 だれが今，大阪に住んでいますか。

1 少年です。　　　　　　　　2 少女です。

3 少年の祖父母です。　　　　4 少女の祖父母です。

✓ B（少年）が最後に My grandparents still live there（＝in Osaka）now.（祖父母は今まだそこに（＝大阪に）住んでいるよ。）と言っているので，3が適切です。

No.12

A: Mom, Sarah's cat had five babies.

B: Wow!

A: Can I have one?

B: Let's ask Dad.

Question **What does the boy want to do?**

A: お母さん，サラの猫が赤ちゃんを5匹産んだよ。

B: わあ！

A: 1匹もらってもいい？

B: お父さんに聞きましょう。

質問 少年は何をしたいのですか。

1　動物園を訪れる。　　　　　2　ペットの猫を手に入れる。
3　友人と遊ぶ。　　　　　　　4　その店へ行く。

✓　A（少年）のSarah's cat had five babies.（サラの猫が赤ちゃんを5匹産んだよ。）とCan I have one?（1匹もらってもいい？）から，2が適切です。oneはone of the babiesのことです。

No.13

🔊　A: You look tired, Billy.

B: I am.

A: Did you go to bed late last night?

B: No, I got up early this morning to walk my dog.

Question **Why is Billy tired?**

A: 疲れてるみたいね，ビリー。

B: うん。

A: 昨夜は遅く寝たの？

B: いいや，犬を散歩させるために今朝早起きしたんだ。

質問 **なぜビリーは疲れているのですか。**
1　彼は昨夜遅く寝たのです。　　2　彼は犬を洗ったのです。
3　彼は走りに行ったのです。　　4　彼は今朝早く起きたのです。

✓　「昨夜は遅く寝たの？」と聞かれたB（ビリー）が，No, I got up early this morning to walk my dog.（いいや，犬を散歩させるために今朝早起きしたんだ。）と答えているので，4が適切です。

No.14

🔊　A: Mom, I need a suit.

B: Why?

A: I'm going to sing in the school concert next Wednesday.

B: OK. We can go shopping on Saturday.

Question **What will the boy do next Wednesday?**

A: お母さん，スーツが必要なんだ。

B: どうして？

A: 今度の水曜日に学校のコンサートで歌うんだよ。

B: わかったわ。土曜日に買い物に行きましょう。

質問 **少年は今度の水曜日に何をしますか。**

1 コンサートで歌います。　　　2 買い物に行きます。

3 映画を見ます。　　　　　　　4 上着を買います。

▣ A (少年) が I'm going to sing in the school concert next Wednesday. (今度の水曜日に学校のコンサートで歌うんだよ。) と言っているので，1 が適切です。

No.15

🔊 *A:* Look at that beautiful boat.

B: Wow. Let's take a photo. Where's your camera?

A: In my bag. Where's yours?

B: I left it in the car.

Question **Where is the woman's camera?**

A: あの美しいボートを見てよ。

B: わあ。写真を撮りましょう。あなたのカメラはどこ？

A: かばんの中。きみのはどこにあるの？

B: 車の中に置いてきたわ。

質問 **女性のカメラはどこにありますか。**

1 男性のかばんの中です。　　　2 車の中です。

3 家です。　　　　　　　　　　4 ボートの中です。

▣ Where's yours? (きみのはどこにあるの？) と聞かれた B (女性) が，I left it in the car. (車の中に置いてきたわ。) と答えているので，2 が適切です。yours は your camera のことで，it は my camera を指しています。

A: How was your math test, Tom?

B: Not bad. There were only ten questions.

A: Were they difficult?

B: Eight were easy, and two were difficult.

Question **How many questions were on the test?**

A: 数学のテストはどうだった，トム？

B: 悪くなかったよ。たった10問しかなかった。

A: 難しかった？

B: 8問は簡単で，2問は難しかったよ。

質問 テストにはいくつ問題がありましたか。

1 2問です。　　　　　　　　　2 6問です。

3 8問です。　　　　　　　　　4 10問です。

📝 「数学のテストはどうだった？」に対して，BがNot bad. There were only ten questions.（悪くなかったよ。たった10問しかなかった。）と答えているので，**4**が適切です。**1**は難しかった問題，**3**は簡単だった問題の数です。

A: Oh no! My blue pen is broken.

B: You can use mine.

A: Thanks.

B: It's in my locker. I'll get it now.

Question **What is the girl's problem?**

A: わ，いやだ！　私の青のペンが壊れてる。

B: ぼくのを使っていいよ。

A: ありがとう。

B: ロッカーの中にあるんだ。今，取りに行ってくるよ。

質問 少女の問題は何ですか。

1 彼女は宿題をしませんでした。

2 彼女は自分のロッカーを見つけられません。
3 彼女の青い上着が汚れています。
4 彼女のペンが壊れています。

📝 最初にA（少女）がOh no! My blue pen is broken.（わ，いやだ！私の青のペンが壊れてる。）と言っていることから，4が適切です。

No.18

🔊
A: Mom, can I borrow your book about Japanese art?

B: Do you need it for a school report?

A: No, I just like looking at the pictures.

B: OK.

[Question] **What are they talking about?**

A: お母さん，日本美術に関する本を借りてもいい？

B: 学校のレポートのために必要なの？

A: ううん，絵を見るのが好きなだけだよ。

B: わかったわ。

[質問] **彼らは何について話していますか。**

1 本です。　　　　　　　　　2 美術館です。
3 旅行です。　　　　　　　　4 学校の図書館です。

📝 最初にAがMom, can I borrow your book about Japanese art?（お母さん，日本美術に関する本を借りてもいい？）と聞いていて，そのあともその本に関して話しているので，1が適切です。

No.19

🔊
A: Dad, can we have curry for lunch?

B: We had curry yesterday. Let's have pizza.

A: I don't like pizza. How about spaghetti?

B: OK.

[Question] **What will they eat for lunch today?**

A: お父さん，お昼にカレーを食べない？

B: 昨日カレーを食べたじゃないか。ピザを食べよう。

A: ピザは好きじゃないの。スパゲッティはどう？

B: いいよ。

質問 彼らは今日，昼食に何を食べますか。

1 スープです。　　　　　　　　2 ピザです。

3 スパゲッティです。　　　　　4 カレーです。

AのHow about spaghetti?（スパゲッティはどう？）に対して，Bが「いいよ。」と答えているので，**3**が適切です。**4**のカレーは昨日食べたことからBに反対されています。

No.20

A: Your Halloween party is on Sunday, right?

B: Yes. It starts at 4:30.

A: I have to go home at six.

B: That's fine.

Question **When will the party start?**

A: きみたちのハロウィーンパーティーは日曜日だよね？

B: ええ。それは4時30分に始まるわ。

A: ぼくは6時に帰らなきゃならないんだけど。

B: 構わないわ。

質問 パーティーはいつ始まりますか。

1 4時です。　　　　　　　　　2 4時30分です。

3 6時です。　　　　　　　　　4 6時30分です。

「きみたちのハロウィーンパーティーは日曜日だよね？」に対して，BがYes. It starts at 4:30.（ええ。それは4時30分に始まるわ。）と答えていることから，**2**が適切です。

リスニングテスト第3部 （問題 p.080～081）

No.21

🔊 I grow vegetables in my garden. In summer, I can get many tomatoes. I use them when I cook. Sometimes, I give them to my friends.

　Question　**Where does the woman get her tomatoes?**

私は菜園で野菜を育てています。夏には，トマトをたくさん収穫できます。私は料理をするときにそれらを使います。ときどき，私はそれらを友人にあげます。

　質問　**女性はどこでトマトを手に入れますか。**

1 スーパーからです。　　　　　　2 彼女の友人からです。
3 彼女の両親からです。　　　　　4 彼女の菜園からです。

✏️ 最初に I grow vegetables in my garden.（私は菜園で野菜を育てています。）と言っていて，次に In summer, I can get many tomatoes. と続いているので，4 が適切です。

📖 **WORDS & PHRASES**
□ **grow**——〜を育てる　　□ **tomatoes**—**tomato**（トマト）の複数形

No.22

🔊 My sister's birthday is on Sunday. My parents will give her a new smartphone, and I'll buy her a phone case. My grandfather will make a cake for her.

　Question　**What will the boy buy for his sister's birthday?**

ぼくの姉[妹]の誕生日は日曜日です。両親は彼女に新しいスマートフォンをあげる予定で，ぼくは彼女に電話ケースを買ってあげるつもりです。祖父は彼女のためにケーキを作るでしょう。

　質問　**少年は姉[妹]の誕生日のために何を買うでしょうか。**

1 スマートフォンです。　　　　　2 ケーキです。
3 電話ケースです。　　　　　　　4 本です。

✓ My parents …, and I'll buy her a phone case. (両親は…, ぼくは
彼女に電話ケースを買ってあげるつもりです。) と言っているので,
3が適切です。1は両親が買うもの, 2は祖父が作るものです。

📖 WORDS&PHRASES
□ give——～に…を与える　□ buy——～に…を買う

No.23

🔊 I'll go to Hawaii next Friday for my vacation. Last night, I took
out my suitcase, but it was broken. I'll buy a new one tomorrow.

Question **When will the woman go to Hawaii?**

私は休暇で次の金曜日にハワイへ行きます。昨夜, スーツケースを出し
ましたが, それは壊れていました。私は明日, 新しいものを買うつもり
です。

質問 **女性はいつハワイへ行きますか。**
1 今夜です。　　　　　　　　2 明日の夜です。
3 次の金曜日です。　　　　　4 来年です。

✓ 最初にI'll go to Hawaii next Friday for my vacation. (私は休暇で
次の金曜日にハワイへ行きます。) と言っていることから, 3が適切
です。

📖 WORDS&PHRASES
□ took——take (～を取る) の過去形　□ take out ～——～を取り出す

No.24

🔊 Yesterday, my mom was in a swimming race. I went to watch it
with my dad and my brother. We were so happy when she won.

Question **Who won the swimming race?**

昨日, 私の母が競泳に出ました。私は父と兄 [弟] とそれを見に行きま
した。彼女が勝ったとき, 私たちはとてもうれしかったです。

質問 **だれが競泳で勝ちましたか。**

1 少女です。 　　　　　　　　　　　2 少女の母親です。
3 少女の父親です。 　　　　　　　　4 少女の兄[弟]です。

✏️ 最初に Yesterday, my mom was in a swimming race. (昨日, 私の母が競泳に出ました。)とあって, 最後に We were so happy when she won.(彼女が勝ったとき, 私たちはとてもうれしかったです。)と言っているので, 2が適切です。

📖 WORDS&PHRASES
□ **swimming race** — 競泳　　□ **went** — go(行く)の過去形　　□ **won** — win(勝つ)の過去形

No.25

🔊 Emily's friends are going to go fishing this afternoon. Emily can't go because she has to get ready for her school trip.

Question **What does Emily have to do today?**

エミリーの友人たちは今日の午後, 釣りに行く予定です。エミリーは修学旅行の用意をしなければならないので行けません。

質問 **エミリーは今日何をしなければなりませんか。**
1 釣りに行きます。 　　　　　　　　2 友人たちにカードを作ります。
3 旅行の用意をします。 　　　　　　4 学校に早く行きます。

✏️ Emily can't go because she has to get ready for her school trip. (エミリーは修学旅行の用意をしなければならないので行けません。)と言っているので, 3が適切です。

📖 WORDS&PHRASES
□ **be going to ～** — ～する予定だ　　□ **have[has] to ～** — ～しなければならない
□ **get ready for ～** — ～の用意をする

No.26

🔊 I like taking photos in my free time. I often take photos of flowers and trees. I also take many photos at my brother's soccer games.

Question **What is the boy talking about?**

ぼくはひまなときに写真を撮るのが好きです。花や木の写真をよく撮ります。兄[弟]のサッカーの試合でもたくさん写真を撮ります。

質問 少年は何について話していますか。

1 彼の趣味です。　　　　　　2 彼の美術のクラスです。
3 彼の大好きなスポーツです。　4 彼の兄[弟]のカメラです。

✒ 最初にI like taking photos in my free time.（ぼくはひまなときに写真を撮るのが好きです。）とあり，そのあともそのことについて話しているので，1が適切です。

WORDS&PHRASES

□ take photos — 写真を撮る　　□ free — ひまな，自由な　　□ hobby — 趣味

No.27

🔊 I live near my grandparents.　I go to their house after school every Tuesday and Thursday.　They often come to my house on Sundays.

Question **How often does the girl go to her grandparents' house?**

私は祖父母の近所に住んでいます。毎週火曜日と木曜日の放課後に彼らの家に行きます。彼らは日曜日によく私の家に来ます。

質問 少女は祖父母の家にどれくらいの頻度で行きますか。

1 週に1回です。　　　　　　2 週に2回です。
3 週に3回です。　　　　　　4 毎日です。

✒ 最初にI live near my grandparents.（私は祖父母の近所に住んでいます。）とあり，I go to their house after school every Tuesday and Thursday.（毎週火曜日と木曜日の放課後に彼らの家に行きます。）と言っているので，2が適切です。

WORDS&PHRASES

□ every — 毎〜，〜ごとに　　□ How often 〜? — どれくらいの頻度で〜か。

No.28

Oliver likes cooking. He makes dinner for his family on Wednesdays. On weekends, he cooks breakfast and makes cakes.

Question **What does Oliver do on Wednesdays?**

オリバーは料理が好きです。毎週水曜日，彼は家族のために夕食を作ります。毎週末，彼は朝食を料理して，ケーキを作ります。

質問 **オリバーは毎週水曜日に何をしますか。**

1 彼は夕食を作ります。　　　　2 彼は朝食を料理します。
3 彼はケーキを作ります。　　　4 彼はレストランに行きます。

☑ He makes dinner for his family on Wednesdays.（毎週水曜日，彼は家族のために夕食を作ります。）と言っているので，1が適切です。

📖 WORDS&PHRASES

□ **on weekends**－毎週末に　　□ **breakfast**－朝食　　□ **cake**－ケーキ

No.29

I'll go to England next year. First, I'll go to London to see some famous buildings. Then, I'll watch a soccer game in Liverpool.

Question **Why will the man go to London?**

私は来年イングランドに行きます。まず，いくつかの有名な建物を見るためにロンドンに行きます。それから，リバプールでサッカーの試合を見るつもりです。

質問 **男性はなぜロンドンに行くのですか。**

1 彼の友人を訪ねるためです。
2 ある有名な人に会うためです。
3 サッカーの試合を見るためです。
4 いくつかの建物を見るためです。

First, I'll go to London to see some famous buildings.（まず，いくつかの有名な建物を見るためにロンドンに行きます。）と言っているので，**4**が適切です。**3**はリバプールに行く目的です。

📖 WORDS&PHRASES

□ **first**—まず，最初に　　**building**—建物，ビル　　**then**—それから，次に

No.30

🔊 My brother and I often go running after school. He runs 2 kilometers, and I usually run 3 kilometers. Tomorrow, I want to run 4 kilometers.

> Question **How many kilometers does the girl usually run?**

兄［弟］と私は放課後によく走りに行きます。彼は2キロ走りますが，私はたいてい3キロ走ります。明日，私は4キロ走りたいと思っています。

質問 **少女はたいてい何キロ走りますか。**

1　1キロです。　　　　　　　　　2　2キロです。

3　3キロです。　　　　　　　　　4　4キロです。

最初に He runs 2 kilometers, and I usually run 3 kilometers.（彼は2キロ走りますが，私はたいてい3キロ走ります。）と言っているので，**3**が適切です。**2**は兄［弟］が走る距離，**4**は少女が明日走りたいと思っている距離です。

📖 WORDS&PHRASES

□ **usually**—ふだんは，たいてい　　□ **How many ～?**—いくつ～か。

英検 **4** 級

筆記 [p.084 － p.093]

1	(1) 3	(2) 4	(3) 1	(4) 2	(5) 3
	(6) 1	(7) 4	(8) 2	(9) 3	(10) 1
	(11) 4	(12) 1	(13) 1	(14) 3	(15) 2

2	(16) 4	(17) 4	(18) 2	(19) 1	(20) 3

3	(21) 1	(22) 4	(23) 3	(24) 4	(25) 2

4A	(26) 4	(27) 3			
4B	(28) 3	(29) 1	(30) 3		
4C	(31) 3	(32) 4	(33) 2	(34) 4	(35) 3

リスニング [p.094 － p.099]

第 1 部	[No.1] 1	[No.2] 1	[No.3] 1	[No.4] 3	[No.5] 2
	[No.6] 2	[No.7] 1	[No.8] 1	[No.9] 3	[No.10] 3

第 2 部	[No.11] 2	[No.12] 1	[No.13] 4	[No.14] 2	[No.15] 2
	[No.16] 3	[No.17] 3	[No.18] 1	[No.19] 4	[No.20] 2

第 3 部	[No.21] 2	[No.22] 4	[No.23] 3	[No.24] 1	[No.25] 3
	[No.26] 1	[No.27] 3	[No.28] 1	[No.29] 2	[No.30] 4

(1) A: あなたは映画に行くことについてお母さんにたずねましたか。

B: はい。あなたと一緒に行けます。

1　～を見る　　　　　　　　　　　　　2　～を作る

3　(ask ～ about …で) ～に…についてたずねる　　4　～を入手する

✎　ask ～ about …で「～に…についてたずねる」という意味を表すので，3が適切です。Bの「あなたと一緒に行けます。」という応答にもうまくつながります。

📖 WORDS&PHRASES
□ movie―映画　　□ can―～できる　　□ with―～と一緒に

(2) 多くの国では，クリスマスは人気のある休日で，この日には多くの子どもがプレゼントを手に入れます。

1　教科　　2　音　　3　部屋　　4　プレゼント

✎　前半でクリスマスについて話しているので，その日に子どもがもらえるものとして，「プレゼント」という意味の4が適切です。

📖 WORDS&PHRASES
□ popular―人気のある　　□ holiday―休日　　□ subject―教科，主題

(3) A: あなたは今週末，何をしますか。

B: 新しいアパートに引っ越します。それは今より大きいので，私はうれしいです。

1　アパート　　2　バンド　　3　競走　　4　絵画

✎　move to ～で「～へ引っ越す」という意味を表すので，「アパート」という意味の1が適切です。次の文の主語Itは，前文のa new apartmentを指します。

📖 WORDS&PHRASES
□ bigger―big(大きい)の比較級　　□ painting―絵画

(4) ウェンディは昼食後に食べるフルーツをよく持ってきます。
1 ～に会う　　2 ～を持ってくる　　3 座る　　4 落ちる

✔ 「昼食後に食べるフルーツをよく（　　）」の空所に入る動詞として適切なものは、「～を持ってくる」という意味の2です。

WORDS&PHRASES
□ bring ― ～を持ってくる　　□ fruit ― フルーツ, 果物　　□ eat ― ～を食べる

(5) *A:* 今週末, キャンプに行きませんか。天気がいいようだから, 夜にたくさんの星を見られますよ。
B: それはすばらしいですね。
1 ペン　　2 皿　　3 星　　4 チーム

✔ Aは「天気がいいようだから, 夜にたくさんの（　　）を見られますよ。」と言っているので、「星」という意味の3が適切です。

WORDS&PHRASES
□ go camping ― キャンプに行く　　□ weather ― 天気　　□ dish ― 皿

(6) カナダには多くの美しい公園と湖があります。大勢の人が夏にそこを訪れます。
1 美しい　　2 疲れた　　3 簡単な　　4 必要な

✔ 空所のあとの parks and lakes（公園と湖）にうまくつながる形容詞として適切なものは、「美しい」という意味の1です。

WORDS&PHRASES
□ tired ― 疲れた　　□ easy ― 簡単な　　□ necessary ― 必要な

(7) *A:* このナイフでこのパンを切ってくれない？
B: いいですよ。
1 橋　　2 ピクニック　　3 休憩　　4 ナイフ

✔ cut ～ with … で「…で～を切る」という意味になります。パンを切る道具として適切なものは、「ナイフ」という意味の4です。

(8) その野球チームのメンバーは毎回練習の間に 15 分間キャッチボールをします。

1 ～を握る　　　　　2 （play catchで）キャッチボールをする
3 ～がほしい　　　　4 ～と言う

✍ play catchで「キャッチボールをする」という意味を表すので，2が適切です。主語の The members of the baseball team（その野球チームのメンバー）にもうまくつながります。

(9) そのオーストラリア出身の新しい英語の先生はクラスのすべての生徒に親切でした。

1 ～の　　2 ～で　　3 ～に　　4 ～として

✍ be kind to ～で「～に親切である」という意味を表すので，3が適切です。主語の The new English teacher from Australia（そのオーストラリア出身の新しい英語の先生）にもうまくつながります。

(10) A: 今夜テレビでいい映画がありますか。
B: はい。それは若いダンサーについての映画です。

1 （on TVで）テレビで　　　　　2 ～のために
3 ～のそばに　　　　　　　　　4 ～のあとで

✍ on TVで「テレビで」という意味を表すので，1が適切です。直前の a good movie（よい映画）にもうまくつながります。

(11) リックはよく早朝に犬と一緒に長時間散歩します。

1 ～を呼ぶ　　　　　　　　　　2 聞く
3 ～を示す　　　　　　　　　　4 (take a walkで)散歩をする

> ☑ take a walkで「散歩をする」という意味を表すので, 4が適切です。ここではwalkの前にlongがついていることに注意しましょう。

> 📖 WORDS&PHRASES
> □ early ―(朝)早く　　□ call ―～を呼ぶ　　□ show ―～を示す

(12) A: 私のチョコレートチップクッキーをどう思いますか。
B: すばらしいですよ。

1 (think of ～で)～のことを考える　　2 歌う
3 ～を開く　　　　　　　　　　　　4 来る

> ☑ think of ～で「～のことを考える」という意味を表すので, 1が適切です。他の選択肢では意味を成しません。

> 📖 WORDS&PHRASES
> □ chocolate ―チョコレート　　□ chip ―チップ, かけら　　□ cookie ―クッキー

(13) ジェームズは脚をけがしたので, 今日の野球の試合には行きません。

1 will notの短縮形　　　　　　2 is notの短縮形
3 has notの短縮形　　　　　　4 do notの短縮形

> ☑ 未来のことを話しているので1が適切です。hurt(～を痛める)は不規則動詞で, 過去形は原形と同じhurtであることに注意しましょう。

> 📖 WORDS&PHRASES
> □ game ―試合　　□ hurt ―hurt(～を痛める)の過去形　　□ leg ―脚

(14) 姉[妹]と私は正午に学校から帰宅しました。母は私たちに昼食を作ってくれました。

1 私たちの　　2 私たちは　　3 私たちに　　4 彼らの

> ☑ 1文目の主語がMy sister and Iで, 空所の前に前置詞forがあること

から，空所には「私たちに」という意味の代名詞が入ることがわかります。したがって，3が適切です。

□ came—come（来る）の過去形　□ come home—帰宅する　□ noon—正午

(15) *A:* おばあちゃんがまだ眠っているから，テレビを見ないで。

B: わかったよ，お母さん。

1 sleepの3人称単数現在形　　2 sleepのing形
3 sleepの過去形　　　　　　　4 眠る（sleepの原形）

✓ 空所の前にbe動詞isがあるので，現在進行形〈is[are]＋動詞のing形〉の文だとわかります。したがって2が適切です。他の選択肢は文法的に入れることができません。

□ Don't＋動詞の原形 ～.—～しないで。　□slept—sleep（眠る）の過去形

(16) 父親: ダイニングルームに来なさい，ティム。昼食の用意ができたよ。
息子: わかったよ，お父さん。今，行くよ。

1 それは新しい家だよ。　　　　2 お前の寝室が好きだよ。
3 それはお前のではないよ。　　4 昼食の用意ができたよ。

☑ 「ダイニングルーム（＝食堂）に来なさい。」のあとに続ける言葉として適切なものは，Lunch is ready.（昼食の用意ができたよ。）と言っている4です。息子の返答にもうまくつながります。

WORDS&PHRASES
□ dining room ― ダイニングルーム，食堂　　□ ready ― 用意ができて

(17) 少女1: 私たちの競泳はすぐに始まるの？
少女2: ええ，5分後よ。頑張ってね。
少女1: ありがとう。あなたもね。

1 それは速いわよ。　　2 今回はちがうわ。
3 プールでね。　　　　4 頑張ってね。

☑ 競泳に出場する2人の少女のレース前の会話。少女2の言葉に対して，少女1が「ありがとう。あなたもね。」と答えていることから，Good luck.（頑張ってね（＝幸運を）。）と言っている4が適切です。

WORDS&PHRASES
□ swimming race ― 競泳　　□ Not this time. ― 今回はちがいます（しません）。

(18) 生徒: 夏休みの間にどこに行ったのですか，リチャーズ先生？
教師: ベルモア湖へね。毎年夏にそこへ釣りに行くの。

1 我が家の居間でね。　　2 ベルモア湖へね。
3 春にね。　　　　　　　4 5日間ね。

☑ 生徒の Where did you go …, Ms. Richards?（どこに行ったのですか…，リチャーズ先生？）という問いに対する返答なので，行き先を答えていると考えられます。したがって，To Lake Belmore.（ベルモア

湖へ。)と言っている2が適切です。

(19) 少女1：お姉さん[妹さん]の誕生日パーティーはどうだった？
　　　少女2：面白かったわ。そこには30人いたの。
　　　少女1：わあ！　それは大勢ね。

　　　　　1　そこには30人いたの。
　　　　　2　それは遅く始まったの。
　　　　　3　私は贈り物を忘れたの。
　　　　　4　あなたも私たちと一緒に来られるわ。

　✓　少女2のお姉さん[妹さん]の誕生日パーティーに関する会話。少女2
　　の言葉に対して，少女1が「わあ！　それは大勢ね。」と言っているこ
　　とから，There were 30 people there.（そこには30人いたの。）と言っ
　　ている1が適切です。

(20) 母：ジェニー，キッチンで手伝ってくれる？
　　　娘：ちょっと待って，お母さん。先にちょっとこのEメールを送る必要が
　　　　あるの。

　　　　　1　それはあなたのコンピューターよ，
　　　　　2　私たちは夕食を食べたわ，
　　　　　3　ちょっと待って，
　　　　　4　私はそれが好きよ，

　✓　母親に手伝いを求められた娘が，空所のあとで「先にちょっとこの
　　Eメールを送る必要があるの。」と説明していることから，Just a
　　minute,（ちょっと待って，）と言っている3が適切です。

(21) **(May I see your passport), please?**

☑ 「～を(私に)見せていただけますか。」→「私が～を見てもいいです
か。」と相手に許可を求める文なので，May I see ～? と組み立てま
す。最後に your passport（あなたのパスポート）を置いて完成です。

(22) **I make (breakfast when I have time).**

☑ まず，I make breakfast（私は朝食を作ります）と組み立てます。次に
接続詞 when「～する時」を置いて，「私は時間がある時」を，when
I have time とします。

(23) **My father (can speak both English and) French.**

☑ まず，My father can speak（私の父は～を話すことができます）と組
み立てます。speak の目的語に当たる「英語とフランス語の両方」は，
both A and B（A も B も）の形を使って，both English and French
とします。

(24) **(The comic book was not interesting at) all.**

☑ 「まったく～でない」は，not ～ at all の形で表します。したがって主
語 The comic book のあとに be 動詞 was を置いて，「まったく面白く
ない」を not interesting at all として続ければ完成です。

(25) **Adam's (house is next to the bookstore).**

☑ まず，Adam's house is（アダムの家は～です［あります］）と組み立て
ます。「本屋の隣です」→「本屋の隣にあります」なので，next to ～
（～の隣に）の形を使って，「本屋の隣に」を next to the bookstore と
して，is のあとに置きます。

本文の意味

中学生のためのサッカーデイキャンプ

サッカーに興味があるなら我々のキャンプに来てください！

日程： ㉖7月12日～7月16日
時間： 10：30～15：00
場所： シルヴァートン中学校
費用： 30ドル

㉗キャンプであなたはシルヴァートンファイターズの2人の有名なサッカー選手に会うでしょう。参加するには，6月12日より前にマイク・ウェブにEメールを送ってください。

infosoccer@silverton.jhs

㉖　サッカーデイキャンプの最終日はいつですか。
　　1　6月12日。　　2　6月16日。　　3　7月12日。　　4　7月16日。

- -

✍　下線部㉖に注目します。July 12 to July 16とあるので，正解は**4**です。

㉗　キャンプで，生徒たちは…

　　1　シルヴァートンファイターズからEメールをもらいます。
　　2　マイク・ウェブと映画を見ます。
　　3　有名なサッカー選手たちと会います。
　　4　無料のサッカーボールを手に入れます。

- -

✍　下線部㉗に注目します。You'll meet two famous soccer players from the Silverton Fighters at the camp. とあるので，正解は**3**です。

WORDS&PHRASES

□ **camp** ― キャンプ　　□ **junior high school** ― 中学校　　□ **if** ― もし～なら
□ **be interested in** ～ ― ～に興味がある　　□ **date** ― 日付，期日　　□ **July** ― 7月
□ **place** ― 場所　　□ **cost** ― 費用　　□ **meet** ― ～に会う　　□ **famous** ― 有名な
□ **join** ― 参加する　　□ **send** ― ～を送る　　□ **last** ― 最後の　　□ **receive** ― ～を受け取る

本文の意味

送信者：キャロル・ミラー
宛先：デニス・リトル
日付：1月16日
件名：雪まつり

こんにちは デニス,
スモールヴィルがスペシャルイベントを開催するの！　㉘雪まつりが2月2日から
7日までの6日間あるのよ。2月6日には，氷の彫刻コンテストがあるんだ。優勝
者は200ドルもらえるの。私はその日に行って彫刻を見たいと思ってる。チケッ
トは1枚10ドルよ。あなたも行きたい？
あなたの友達,

キャロル

送信者：デニス・リトル
宛先：キャロル・ミラー
日付：1月17日
件名：行こうよ！

やあ キャロル,
彫刻を見たいけど，㉙2月5日と6日は家族とスキーに行く予定なんだ。ぼくは雪
まつりのウェブサイトを見てみたんだ。2月7日にもまだ彫刻が見られるよ。そ
の日には雪だるまコンテストもあるんだ。チケットは1枚5ドルで，㉚優勝者は
100ドルもらえる。参加しようよ！
またすぐに連絡するね,

デニス

㉘　**雪まつりはどれくらい続きますか。**
1 2日間。　　**2** 5日間。　　3 6日間。　　**4** 7日間。

📝　下線部㉘に There will be a snow festival for six days, from …. と
あるので，正解は**3**です。

(29) デニスは2月5日に何をするでしょうか。
1 スキーに行きます。　　　　2 彫刻を作ります。
3 祭りを訪ねます。　　　　　4 ウェブサイトを作ります。

☑ 下線部㉙に I'll go skiing with my family on February 5 and 6 とあるので，正解は1です。

(30) 雪だるまコンテストの優勝者が獲得するのは…
1 5ドルです。　　　　　　　2 10ドルです。
3 100ドルです。　　　　　　4 200ドルです。

☑ 雪だるまコンテストの話が出たあとの下線部㉚に the winner gets $100 とあるので，正解は3です。

▌▌ WORDS & PHRASES
□ January―1月　□ festival―祭り　□ special―特別な　□ event―イベント
□ February―2月　□ contest―コンテスト　□ winner―優勝者
□ get―～を得る　□ ticket―チケット　□ each―1つにつき
□ Let's ～.―～しよう。　□ go skiing―スキーに行く　□ look at ～―～を見る
□ website―ウェブサイト　□ snowman―雪だるま　□ join―参加する
□ talk―話す　□ soon―すぐに　□ How long ～?―どれくらい長く～か。

本文の意味

ピアノレッスン

　先月，キャサリンの両親はハワイでの結婚式に行きました。㉛キャサリンは行けなかったので，彼女は祖母の家に1週間滞在しました。㉜1日目，彼女は両親に会いたくて悲しく感じました。祖母の家にはインターネットがなく，祖母は昔のテレビ番組を見ていました。

　翌日の朝，キャサリンは音楽を耳にしました。それは居間から聞こえてきました。キャサリンの祖母がピアノを弾いていたのです。キャサリンは言いました。「おばあちゃん，私に教えてくれる？」彼女の祖母はとても興奮しているようでした。彼女は言いました。「㉝何年も前，私はお前のお母さんにもピアノの弾き方を教えたんだよ。」彼女たちは毎日3時間練習して，キャサリンは4曲覚えました。

　㉞金曜日，キャサリンの両親が旅行から帰ってきました。彼らはキャサリンの祖母にお土産を渡して，キャサリンは彼らのために2曲演奏しました。キャサリンの父親は喜んでいました。キャサリンの母親は言いました。「あなたはもっとおばあさんを訪問すべきね。」㉟今，キャサリンはもっと多くの曲を覚えたいと思っているので，来月も祖母を訪ねるつもりです。

(31)　キャサリンはどれくらいの間，祖母の家に滞在しましたか。
1　1日です。　　　　　　　　2　3日間です。
3　1週間です。　　　　　　　4　1か月間です。

　✎　下線部㉛に …, so she stayed at her grandmother's house for one week. とあるので，正解は3です。

(32)　キャサリンは1日目にどう感じましたか。
1　疲れた。　　2　わくわくした。　　3　幸せ。　　4　悲しい。

　✎　下線部㉜に On the first day, she missed her parents and felt sad. とあるので，正解は4です。

(33)　何年も前に，キャサリンの祖母がピアノを教えた相手は…

105

1 キャサリンの父親です。　　2 キャサリンの母親です。
3 キャサリンのおじさんです。　　4 キャサリンの友達です。

✓ 下線部㉝に Many years ago, I taught your mother to play the piano, too. とあるので，正解は２です。

(34) キャサリンは金曜日に何をしましたか。
1 彼女は新しい曲を覚えました。
2 彼女は４時間練習しました。
3 彼女は結婚式に行きました。
4 彼女は両親のためにピアノを弾きました。

✓ 下線部㉞に On Friday, …, and Katherine played two songs for them (=her parents). とあるので，正解は４です。

(35) なぜ来月キャサリンは祖母を訪ねるのですか。
1 彼女の母親が働かなければなりません。
2 彼女の両親が旅行に行きます。
3 彼女はもっと多くの曲を習いたいのです。
4 彼女は祖母に贈り物をあげます。

✓ 下線部㉟に Now, Katherine wants to learn more songs, so she will visit her grandmother next month, too. とあるので，正解は３です。

📖 WORDS & PHRASES

□ lesson—レッスン　　□ parents—両親　　□ went—go (行く)の過去形
□ wedding—結婚式　　□ Hawaii—ハワイ　　□ couldn't—could notの短縮形
□ stay—滞在する　　□ grandmother—祖母　　□ miss—〜がいなくて寂しく思う
□ felt—feel (〜と感じる)の過去形　　□ the Internet—インターネット
□ show—番組，ショー　　□ heard—hear (〜を聞く)の過去形
□ Grandma—おばあちゃん　　□ look＋形容詞—〜に見える　　□ excited—興奮して
□ taught—teach (〜に教える)の過去形　　□ teach A to ——Aに〜の仕方を教える
□ practice—練習する　　□ came—come (来る)の過去形
□ come back from 〜——から戻る　　□ trip—旅行
□ gave—give (〜をあげる)の過去形　　□ give A B—AにBをあげる
□ should—〜すべきだ　　□ more—もっと，もっと多くの

リスニングテスト第1部 （問題　p.094〜095）

〈例題〉

A: Hi, my name is Yuta.
B: Hi, I'm Kate.
A: Do you live near here?
　1　I'll be there.
　2　That's it.
　3　Yes, I do.

「やあ，ぼくの名前はユウタだよ。」
「こんにちは，私はケイトよ。」
「きみはこの近くに住んでいるの？」
　1「そちらに行きます。」
　2「それだわ。」
　3「ええ，そうよ。」

No.1

A: These newspapers are heavy!
B: Are you recycling them?
A: Yes. Could you help me?
　1　Sure, Mom.
　2　I like reading.
　3　I don't understand.

「これらの新聞は重いわ！」

「リサイクルしてるの？」
「ええ。手伝ってくれる？」
　1「いいよ，お母さん。」
　2「読書が好きなんだ。」
　3「わからないよ。」

No.2

A: Is your sister in a band, too?

B: Yes.
A: What does she play?
　1　The trumpet.
　2　At high school.
　3　Our music teacher.

「お姉さん［妹さん］もバンドに入ってるの？」

「うん。」
「彼女は何を演奏しているの？」
　1「トランペットだよ。」
　2「高校で。」
　3「ぼくたちの音楽の先生だよ。」

バンドに入っている姉［妹］が何を演奏しているのか聞かれているので，The trumpet.（トランペットだよ。）と楽器を答えている1が適切です。

No.3

A: What are you going to get for Dad's birthday?	「お父さんの誕生日に何を買うつもり？」
B: Some socks. How about you?	「くつ下だよ。きみは？」
A: I'll make him a photo frame.	「私は彼に写真立てを作るわ。」
1 He'll like that.	1 「彼は気に入るよ。」
2 He'll call later.	2 「彼はあとで電話するよ。」
3 He'll get some cake.	3 「彼はケーキをもらうよ。」

No.4

A: Mr. Warner, you have a visitor.	「ワーナーさん，お客様ですよ。」
B: Who is it?	「だれですか。」
A: Mr. Smith.	「スミスさんです。」
1 Two o'clock is fine.	1 「2時で結構です。」
2 This is my report.	2 「これは私のレポートです。」
3 I'll be there soon.	3 「すぐにそちらへ行きます。」

📝 スミスさんが訪ねてきていると知ったBの応答として適切なものは，3のI'll be there soon.（すぐにそちらへ行きます。）しかありません。

No.5

A: Happy birthday, James.	「誕生日おめでとう，ジェームズ。」
B: Thanks, Grandma.	「ありがとう，おばあちゃん。」
A: Are you going to have a party tonight?	「今夜パーティーをするの？」
1 Yes, it was delicious.	1 「うん，それはおいしかったよ。」
2 Yes, at a restaurant.	2 「うん，レストランでね。」
3 Yes, a new jacket.	3 「うん，新しい上着だよ。」

✍ 「今夜パーティーをするの？」という問いに対して，**2**の Yes, at a restaurant. (うん, レストランでね。)を選ぶと対話が成り立ちます。

No.6

A: What did you do yesterday?	「昨日は何をしたの？」
B: I watched a movie about birds.	「鳥についての映画を見たよ。」
A: How was it?	「どうだった？」
1 I have two fish.	1 「魚を2匹飼ってるよ。」
2 It was interesting.	2 「それは面白かったよ。」
3 That's all.	3 「それだけさ。」

✍ 「それ（＝その映画）はどうだった？」とたずねられているのだから，It was interesting. (それは面白かったよ。)の**2**が適切です。

No.7

A: I went to the shopping mall today.	「今日ショッピングモールに行ったんだ。」
B: Did you buy anything?	「何か買ったの？」
A: Yes. These gloves.	「うん。この手袋さ。」
1 They're nice.	1 「素敵ね。」
2 I'll find them.	2 「それらを見つけるよ。」
3 It's closed today.	3 「今日は閉まってるよ。」

No.8

A: Are you looking for a cap?	「帽子をお探しですか。」
B: Yes. I want a white one.	「ええ。白いのがほしいの。」
A: This one is only $10.	「この帽子はたった10ドルですよ。」
1 I'll take it.	1 「それをいただくわ。」
2 I think so.	2 「そう思うわ。」
3 I can show you.	3 「あなたに見せられますよ。」

✍ This one(＝cap) is only $10. (この帽子はたった10ドルですよ。)

とすすめられたBの応答として適切なのは，**1** の I'll take it. (それをいただくわ。)です。look for ～で「～を探す」という意味を表します。

No.9

🔊 *A:* Let's buy some flowers for your mother.　　「きみのお母さんに花を買おうよ。」

B: Good idea.　　「いい考えね。」

A: Is there a flower shop near here?　　「この近くに花屋さんはある？」

　1 I bought 12 roses.　　1 「私はバラを12本買ったわ。」

　2 They're very pretty.　　2 「それらはとても美しいわ。」

　3 There's one by the supermarket.　　3 「スーパーのそばにあるわ。」

✓ 近くに花屋があるかどうか聞かれているので，There's one by the supermarket. (スーパーのそばにあるわ。)と答えている **3** が適切です。one は a flower shop を指します。

No.10

🔊 *A:* Do you have any pets?　　「きみはペットを飼ってる？」

B: Yes, I have two hamsters.　　「ええ，ハムスターを2匹飼ってるわ。」

A: Where are they?　　「どこにいるの？」

　1 They're 10 months old.　　1 「彼らは生後10か月よ。」

　2 They like carrots.　　2 「彼らはニンジンが好きよ。」

　3 They're in my bedroom.　　3 「彼らは私の寝室にいるわ。」

✓ Where are they (=two hamsters)? (彼らはどこにいるの？)と，ハムスターのいる「場所」をたずねられているので，They're in my bedroom. (彼らは私の寝室にいるわ。)と答えている **3** が適切です。

リスニングテスト第2部 (問題 p.096〜097)

No.11

A: Mom, I need to go to school early tomorrow.

B: Why?

A: I have band practice for the concert.

B: OK.

Question **Why does the boy have to go to school early tomorrow?**

A: お母さん，明日学校に早く行く必要があるんだ。

B: どうして？

A: コンサートのためにバンドの練習があるんだよ。

B: わかったわ。

質問 なぜ少年は明日学校に早く行かねばならないのですか。

1 コンサートを見るためです。　　2 バンドと練習するためです。

3 宿題をするためです。　　　　　4 教室を掃除するためです。

✓ 学校に早く行く理由を聞かれたA（少年）が，I have band practice for the concert.（コンサートのためにバンドの練習があるんだよ。）と答えているので，2が適切です。

No.12

A: I'm sorry I'm late, Dad.

B: Did you take the bus?

A: No. It didn't come, so I walked home.

B: Next time, call me. I'll pick you up.

Question **Why was the girl late?**

A: 遅くなってごめんなさい，お父さん。

B: バスに乗ったのかい？

A: ううん。来なかったから，家まで歩いたの。

B: 次は，私に電話しなさい。車で迎えに行くよ。

1 バスが来ませんでした。
2 電車が止まりました。
3 彼女は自分の電話を見つけられませんでした。
4 彼女は違うバスに乗りました。

📝 Did you take the bus?（バスに乗ったのかい？）と聞かれたＡ（少女）の，It didn't come, so I walked home.（来なかったから，家まで歩いたの。）という応答から，1が適切です。Itはthe busを指します。

No.13

🔊 *A*: Marcy, walk the dog.

B: Can I do it after lunch? I'm watching TV now.

A: No, we're going to visit Grandpa then.

B: OK, I'll do it.

Question **What is Marcy doing now?**

A: マーシー，犬を散歩させなさい。
B: 昼食のあとでもいい？　今，テレビを見てるの。
A: だめだ，私たちはそのあとおじいちゃんを訪ねるんだ。
B: わかった，するわ。

質問 今，マーシーは何をしていますか。

1 彼女の祖父を訪ねています。　2 犬を散歩させています。
3 昼食を作っています。　4 テレビを見ています。

📝 「犬を散歩させなさい」と言われたＢ（マーシー）が，「昼食のあとでもいい？」と聞いたあと，I'm watching TV now.（今，テレビを見てるの。）と言っているので，4が適切です。

No.14

🔊 *A*: Do you want to play tennis?

B: I left my racket at school.

A: That's OK. You can use my mom's.

B: Great, thanks.

Question **Whose tennis racket will the girl use?**

A: テニスをしない？

B: ラケットを学校に置いてきたの。

A: 大丈夫。ぼくのお母さんのを使えるよ。

B: やった，ありがとう。

質問 **少女はだれのテニスラケットを使いますか。**

1 少年のものです。　　　　　　2 少年の母親のものです。

3 彼女自身のものです。　　　　4 彼女のお母さんのものです。

✓ 「ラケットを学校に置いてきたの。」と言うB（少女）に対して，Aが That's OK. You can use my mom's.（大丈夫。ぼくのお母さんのを使えるよ。）と言っていることから，**2**が適切です。

No.15

A: Mom, do you know Uncle Bill's address?

B: Yes. Why?

A: I want to send him a birthday card.

B: That's nice of you.

Question **What does the boy want to do?**

A: お母さん，ビルおじさんの住所を知ってる？

B: ええ。どうして？

A: 彼に誕生日カードを送りたいんだ。

B: それはやさしいわね。

質問 **少年は何をしたいのですか。**

1 地図を買う。　　　　　　　2 カードを送る。

3 おじさんに電話する。　　　4 コンピューターを使う。

✓ 「ビルおじさんの住所を知ってる？」と聞かれたB（母親）が，A（少年）に理由をたずねると，I want to send him a birthday card.（彼に誕生日カードを送りたいんだ。）と答えているので，**2**が適切です。

No.16

🔊 *A:* Hello?

B: Hi, Mike. Are you watching the basketball game on TV?

A: Of course.

B: Jaylen Porter is playing very well.

A: Yes, he is.

Question **What are they talking about?**

A: もしもし？

B: こんにちは，マイク。テレビでバスケットボールの試合を見てる？

A: もちろん。

B: ジェイレン・ポーターがすごく上手にプレーしてるわ。

A: うん，そうだね。

質問 **彼らは何について話していますか。**

1 彼らのバスケットボールのコーチです。

2 彼らの新しいテレビです。

3 バスケットボールの試合です。

4 新しい先生です。

✒️ BのAre you watching the basketball game on TV?（テレビでバスケットボールの試合を見てる？）に対して，Aが「もちろん。」と答えたあと，二人は出場選手のことを話しているので，**3**が適切です。

No.17

🔊 *A:* What did you do today, Tim?

B: I went to the shopping center to buy a notebook.

A: Is it for school?

B: Yes, for Spanish class.

Question **Why did Tim go to the shopping center?**

A: 今日は何をしたの，ティム？

B: ノートを買いにショッピングセンターに行ったよ。

A: 学校用？

B: うん，スペイン語の授業用だよ。

質問 なぜティムはショッピングセンターに行ったのですか。

1 クラスメートに会うためです。
2 自分の母親に会うためです。
3 ノートを買うためです。
4 スペインの食べ物を買うためです。

🔖 Aに「今日は何をしたの？」と聞かれて，B（ティム）がI went to the shopping center to buy a notebook.（ノートを買いにショッピングセンターに行ったよ。）と言っていることから，3が適切です。

No.18

🔊 *A:* Happy birthday, Jim.

B: Thanks, Ms. Clark.

A: Did you get any cards from your classmates?

B: I got one from Maria and one from Sam.

Question **Whose birthday is it today?**

A: お誕生日おめでとう，ジム。

B: ありがとうございます，クラーク先生。

A: クラスメイトからカードをもらった？

B: マリアとサムからもらいました。

質問 今日はだれの誕生日ですか。

1 ジムのです。　　　　　　2 マリアのです。
3 サムのです。　　　　　　4 クラーク先生のです。

🔖 最初にAがHappy birthday, Jim.（お誕生日おめでとう，ジム。）と言っていることから，1が適切です。

No.19

🔊 *A:* Dad, do you have to work this weekend?

B: Only on Saturday morning.

A: Can we go to the park on Sunday afternoon?

B: Sure.

Question **When will they go to the park?**

- -

A: お父さん，今週末は働かなければならない？

B: 土曜日の午前中だけね。

A: 日曜日の午後に公園に行ける？

B: いいよ。

質問 いつ彼らは公園に行きますか。

1 土曜日の午前中です。	2 土曜日の午後です。
3 日曜日の午前中です。	4 日曜日の午後です。

- -

✐ A（少女）の Can we go to the park on Sunday afternoon?（日曜日の午後に公園に行ける？）に対して，B（父親）が「いいよ。」と答えているので，4が適切です。1の「土曜日の午前中に」はBが働かなければならないときです。

No.20

🔊 *A:* Hello. What would you like?

B: Two sandwiches and one rice ball, please.

A: Would you like some drinks, too?

B: Yes. Three bottles of cola.

Question **How many sandwiches does the woman want?**

- -

A: こんにちは。ご注文は？

B: サンドイッチ2つとおにぎり1つをお願いします。

A: お飲み物もいかがですか。

B: はい。コーラを3本お願いします。

質問 女性はサンドイッチがいくつほしいですか。

1 1つです。　　2 2つです。　　3 3つです。　　4 4つです。

- -

✐ Aの「ご注文は？」に対して，B（女性）が Two sandwiches and one rice ball, please.（サンドイッチ2つとおにぎり1つをお願いします。）と答えているので，2が適切です。

リスニングテスト第3部 (問題　p.098 ～ 099)

No.21

🔊 Here is your key. Your room number is 205. The restaurant on the second floor is open until ten o'clock. Enjoy your stay.

Question **Where is the man talking?**

- -

こちらがあなたのかぎです。お部屋の番号は205です。2階のレストランは10時まで営業しています。ご滞在をお楽しみください。

質問 **男性はどこで話していますか。**

1 学校でです。　　　　　　　　2 ホテルでです。

3 カフェでです。　　　　　　　4 電車の駅でです。

✏️ Here is your key.(こちらがあなたのかぎです。)や Your room number is 205.(あなたの部屋の番号は205です。)から，男性が2の ホテルで話していることがわかります。

■ WORDS&PHRASES
- □ Here is ～.―(相手に差し出して)はい，～です。これが～です。
- □ floor―(建物の)階　　□ until―～まで

No.22

🔊 My American friends came to Japan last week. I took them to a sumo tournament. We also went sightseeing, but they enjoyed eating sushi the most.

Question **What did the man's friends enjoy the most?**

- -

私のアメリカ人の友人たちが先週日本に来ました。私は彼らを相撲の試合に連れていきました。私たちは観光にも行きましたが，彼らは寿司を食べることを最も楽しみました。

質問 **男性の友人たちは何を最も楽しみましたか。**

1 相撲の試合を見ることです。　　2 観光に行くことです。

3 日本の風呂に入ることです。　　4 寿司を食べることです。

- -

◢ We also went …, but they(=my American friends) enjoyed eating sushi the most. (私たちは…にも行きましたが，彼らは寿司を食べることを最も楽しみました。)と言っているので，4が適切です。

No.23

🔊 My friend Sarah had a party tonight.　But I was sick and couldn't go.　I stayed at home.

Question **What did the boy do tonight?**

ぼくの友人のサラは今夜パーティーをしました。でもぼくは病気で行けませんでした。ぼくは家にいました。

質問 少年は今夜何をしましたか。

1 彼はパーティーに行きました。　　2 彼は友人を訪ねました。
3 彼は家にいました。　　　　　　　4 彼は病院へ行きました。

◢ 「ぼくは病気で(サラのパーティーに)行けませんでした」と説明したあと，I stayed at home. (ぼくは家にいました。)と言っていることから，3が適切です。

No.24

🔊 This morning, Sally made a doll.　Tomorrow, she's going to visit her grandfather.　She wants to show him the doll.

Question **What is Sally going to do tomorrow?**

今朝，サリーは人形を作りました。明日，彼女は祖父を訪ねる予定です。彼女は彼にその人形を見せたいと思っています。

質問 サリーは明日何をする予定ですか。

1 祖父を訪ねます。　　　　　　　　2 人形を作ります。

3 おもちゃ屋に行きます。　　　4 人形を買います。

📝 最初に This morning, Sally made a doll. と言って，次に Tomorrow, she's going to visit her grandfather. (明日，彼女は祖父を訪ねる予定です。)と言っているので，1が適切です。

📖 WORDS&PHRASES
□ doll — 人形　　□ be going to 〜 — 〜する予定だ　　□ show A B — AにBを見せる

No.25

🔊 It's my father's birthday today, so I'm making a cake. It's in the oven now, but I just remembered something important. I forgot to use sugar!

Question **What is the girl's problem?**

今日は父の誕生日なので，私はケーキを作っています。今，それはオーブンに入っていますが，私はたった今，何か大切なことを思い出しました。私は砂糖を使うのを忘れました！

質問 **少女の問題は何ですか。**
1 彼女は台所を掃除しませんでした。
2 彼女はプレゼントを買いませんでした。
3 彼女は砂糖を使うのを忘れました。
4 彼女はケーキを買うのを忘れました。

📝 父親の誕生日にケーキを作っている少女が，最後に I forgot to use sugar!（私は砂糖を使うのを忘れました！）と言っているので，3が適切です。

📖 WORDS&PHRASES
□ important — 大切な　　□ forgot — forget(〜を忘れる)の過去形
□ forget to 〜 — 〜するのを忘れる

No.26

🔊 Good morning, class. This week, we have some exciting events at school. The speech contest is on Wednesday. And on Friday, a jazz band will perform in the gym.

When is the speech contest?

おはようございます，クラスの皆<ruby>皆<rt>みな</rt></ruby>さん。今週<ruby>今週<rt>こんしゅう</rt></ruby>，私<ruby>私<rt>わたし</rt></ruby>たちには学校<ruby>学校<rt>がっこう</rt></ruby>でわくわくするイベントがあります。スピーチコンテストは水曜日<ruby>水曜日<rt>すいようび</rt></ruby>です。そして金曜日<ruby>金曜日<rt>きんようび</rt></ruby>には，体育館<ruby>体育館<rt>たいいくかん</rt></ruby>でジャズバンドが演奏<ruby>演奏<rt>えんそう</rt></ruby>します。

質問 **スピーチコンテストはいつありますか。**

1 水曜日<ruby>水曜日<rt>すいようび</rt></ruby>です。　　　　2 木曜日<ruby>木曜日<rt>もくようび</rt></ruby>です。

3 金曜日<ruby>金曜日<rt>きんようび</rt></ruby>です。　　　　4 週末<ruby>週末<rt>しゅうまつ</rt></ruby>です。

📝 This week, we have some exciting events at school. のあとに，The speech contest is on Wednesday. (スピーチコンテストは水曜日<ruby>水曜日<rt>すいようび</rt></ruby>です。)と説明<ruby>説明<rt>せつめい</rt></ruby>しているので，1 が適切<ruby>適切<rt>てきせつ</rt></ruby>です。

📖 WORDS&PHRASES

□ **Wednesday**—水曜日<ruby>水曜日<rt>すいようび</rt></ruby>　　□ **Friday**—金曜日<ruby>金曜日<rt>きんようび</rt></ruby>　　□ **perform**—演奏<ruby>演奏<rt>えんそう</rt></ruby>する

No.27

🔊 Debra wanted to take her umbrella to school today because it was raining. It wasn't by the front door, so she looked in her father's car. She found it there.

Where was Debra's umbrella?

雨<ruby>雨<rt>あめ</rt></ruby>が降<ruby>降<rt>ふ</rt></ruby>っていたので，デブラは今日学校<ruby>今日学校<rt>きょうがっこう</rt></ruby>にかさを持<ruby>持<rt>も</rt></ruby>っていきたいと思<ruby>思<rt>おも</rt></ruby>いました。それは玄関<ruby>玄関<rt>げんかん</rt></ruby>のドアのそばになかったので，彼女<ruby>彼女<rt>かのじょ</rt></ruby>は父親<ruby>父親<rt>ちちおや</rt></ruby>の車<ruby>車<rt>くるま</rt></ruby>をのぞいて見<ruby>見<rt>み</rt></ruby>ました。彼女<ruby>彼女<rt>かのじょ</rt></ruby>はそこでそれを見<ruby>見<rt>み</rt></ruby>つけました。

質問 **デブラのかさはどこにありましたか。**

1 学校<ruby>学校<rt>がっこう</rt></ruby>です。　　　　2 玄関<ruby>玄関<rt>げんかん</rt></ruby>のドアのそばです。

3 彼女<ruby>彼女<rt>かのじょ</rt></ruby>の父親<ruby>父親<rt>ちちおや</rt></ruby>の車<ruby>車<rt>くるま</rt></ruby>の中<ruby>中<rt>なか</rt></ruby>です。　4 彼女<ruby>彼女<rt>かのじょ</rt></ruby>の部屋<ruby>部屋<rt>へや</rt></ruby>の中<ruby>中<rt>なか</rt></ruby>です。

📝 she looked in her father's car (彼女<ruby>彼女<rt>かのじょ</rt></ruby>は父親<ruby>父親<rt>ちちおや</rt></ruby>の車<ruby>車<rt>くるま</rt></ruby>をのぞいて見<ruby>見<rt>み</rt></ruby>ました)のあとに，She found it (=her umbrella) there. (彼女<ruby>彼女<rt>かのじょ</rt></ruby>はそこでそれを見<ruby>見<rt>み</rt></ruby>つけました。)と言<ruby>言<rt>い</rt></ruby>っているので，3 が適切<ruby>適切<rt>てきせつ</rt></ruby>です。

📖 WORDS&PHRASES
□ umbrella — かさ　□ look in ～ — ～をのぞいて見る
□ found — find（～を見つける）の過去形

No.28

🔊

Yuka loves cooking. She cooks dinner for her family twice a week. She also makes pancakes for breakfast once a month.

Question **How often does Yuka make pancakes for breakfast?**

- -

ユカは料理が大好きです。彼女は週に2回，家族のために夕食を料理します。また，月に1回朝食にパンケーキを作ります。

質問 **ユカはどれくらいの頻度で朝食にパンケーキを作りますか。**

1　月に1回です。　　　　　　　2　月に2回です。
3　週に1回です。　　　　　　　4　週に2回です。

- -

✏️ She also makes pancakes for breakfast once a month.（彼女はまた，月に1回朝食にパンケーキを作ります。）と言っているので，1が適切です。

📖 WORDS&PHRASES
□ twice a week — 週に2回　□ once a month — 月に1回

No.29

🔊

I like making clothes. Last month, I made a sweater and a dress. Next, I'm going to make a scarf for my husband.

Question **What will the woman make next?**

- -

私は服を作ることが好きです。先月，私はセーターとドレスを作りました。次に，私は夫のためにマフラーを作る予定です。

質問 **女性は次に何を作りますか。**

1　セーターです。　　　　　　　2　マフラーです。
3　ドレスです。　　　　　　　　4　シャツです。

- -

✏️ Next, I'm going to make a scarf for my husband.（次に，私は夫

のためにマフラーを作る予定です。)と言っているので，2が適切です。1と3は彼女が先月作ったものです。

📖 WORDS&PHRASES

□ clothes―服　　□ made―make(〜を作る)の過去形　　□ sweater―セーター

No.30

🔈

Yesterday, Matt's basketball team had a picnic. He took some potato chips, and his friend took some cookies. His coach took many drinks.

Question **What did Matt take to the picnic?**

- -

昨日，マットのバスケットボールチームはピクニックをしました。彼はポテトチップを持っていき，友人はクッキーを持っていきました。コーチは飲み物をたくさん持っていきました。

質問 **マットはピクニックに何を持っていきましたか。**

1 サラダです。　　　　　　　　　　2 クッキーです。
3 飲み物です。　　　　　　　　　　4 ポテトチップです。

- -

✔ He took some potato chips (彼はポテトチップを持っていきました)と言っているので，4が適切です。2はマットの友人が，3はコーチが持っていったものです。

📖 WORDS&PHRASES

□ picnic―ピクニック　　□ took―take(〜を持っていく)の過去形　　□ coach―コーチ

英検 **4** 級

筆記 [p.102 − p.111]

1
(1) 3	(2) 1	(3) 2	(4) 4	(5) 1
(6) 2	(7) 4	(8) 3	(9) 1	(10) 2
(11) 3	(12) 4	(13) 1	(14) 3	(15) 2

2
(16) 2	(17) 1	(18) 3	(19) 4	(20) 3

3
(21) 4	(22) 2	(23) 2	(24) 4	(25) 1

4A (26) 3   (27) 1

4B (28) 4   (29) 1   (30) 2

4C (31) 1   (32) 4   (33) 2   (34) 2   (35) 3

リスニング [p.112 − p.117]

第 **1** 部
[No.1] 1	[No.2] 1	[No.3] 3	[No.4] 2	[No.5] 3
[No.6] 3	[No.7] 2	[No.8] 1	[No.9] 1	[No.10] 2

第 **2** 部
[No.11] 4	[No.12] 3	[No.13] 2	[No.14] 1	[No.15] 2
[No.16] 1	[No.17] 4	[No.18] 3	[No.19] 1	[No.20] 4

第 **3** 部
[No.21] 3	[No.22] 1	[No.23] 3	[No.24] 1	[No.25] 2
[No.26] 2	[No.27] 2	[No.28] 1	[No.29] 1	[No.30] 4

(1) ジョンがまた宿題をするのを忘れたので先生は怒りました。
1 金持ちの　　**2** 容易な　　**3** 怒った　　**4** 準備ができた

☑ 空所のあとに「ジョンがまた宿題をするのを忘れたので」とあるので，「怒った」という意味の**3**が適切です。

📖 WORDS&PHRASES
□ **because**――～なので　　□ **forget to ～**――～するのを忘れる　　□ **homework**――宿題

(2) ニューヨークには多くの有名な美術館があるので，私はいつかそこを訪ねたいです。
1 (art museumsで)美術館　　**2** ドア　　**3** タオル　　**4** プール

☑ art museumsで「美術館」という意味になるので，**1**が適切です。

📖 WORDS&PHRASES
□ **famous**――有名な　　□ **visit**――～を訪ねる　　□ **someday**――いつか

(3) 私の母と父は高校で初めて会いました。
1 find(～を見つける)の過去形　　**2** meet(会う)の過去形
3 buy(～を買う)の過去形　　　　**4** put(～を置く)の過去形

☑ 「私の母と父は高校で初めて(　　)」の空所に入る動詞としては，「会った」という意味の**2**が適切です。

📖 WORDS&PHRASES
□ **found**―find(～を見つける)の過去形　　□ **bought**―buy(～を買う)の過去形

(4) 市立図書館は週末にはとても混んでいます。そこにはたくさんの面白い本があります。
1 体育館　　**2** 山　　**3** 庭　　**4** 図書館

☑ 2文目に「そこにはたくさんの面白い本があります。」とあるので，「図書館」という意味の**4**が適切です。

(5) タケルはよく外国を旅行するので彼にとって言語を習得することは役に立ちます。

1 役に立つ　　2 冷たい　　3 いっぱいの　　4 きれいな

✓ 「タケルはよく外国を旅行するので」とあるので，「役に立つ」という意味の1が「言語を習得すること」とうまくつながります。

WORDS&PHRASES
□ learning languages ― 言語を習得すること　　□ travel ― 旅行する

(6) A: 自己紹介をします。私の名前はジェフで，オーストラリア出身です。

B: こんにちは，ジェフ。私はマーチンです。

1 走る　　　　　　2 (introduce myselfで) 自己紹介をする
3 〜をたずねる　　4 聞く

✓ introduce myselfで「自己紹介をする」という意味になるので，2が適切です。

WORDS&PHRASES
□ introduce ― 〜を紹介する　　□ myself ― 私自身　　□ be from 〜 ― 〜出身です

(7) 日本の多くの寺院には長い歴史があります。

1 森　　2 時間　　3 国　　4 歴史

✓ 「日本の多くの寺院には長い（　　）があります。」の空所に入る名詞としては，「歴史」という意味の4が適切です。

WORDS&PHRASES
□ temple ― 寺院　　□ forest ― 森　　□ time ― 時間　　□ country ― 国

(8) A: 急いで，お父さん！　もうすぐ映画が始まるよ。

B: わかったよ。

1 〜を切る　　　　　　　　2 〜を見つける

3（hurry upで）急ぐ　　　　　4　〜を読む

■　hurry upで「急ぐ」という意味を表すので，3が適切です。2文目の「もうすぐ映画が始まるよ。」にもうまくつながります。

WORDS&PHRASES
□ start ― 始まる　　□ soon ― すぐに　　□ cut ― 〜を切る　　□ read ― 〜を読む

(9)　A: 行こう。バスに遅れるよ。5分後に出発予定だよ。
　　　B: 了解。
　　　1　(be late for 〜で) 〜に遅れる　　2　速い
　　　3　うれしい　　　　　　　　　　　　4　確信して

■　be late for 〜で「〜に遅れる」という意味を表すので，1が適切です。「5分後に出発予定だよ。」にもうまくつながります。

WORDS&PHRASES
□ leave ― 出発する　　□ in ― 〜後に　　□ minute ― 分

(10)　ダンは車を持っていないので空港まで列車に乗っていきます。
　　　1　到着する　　　　　　　　　　2　(乗り物)に乗っていく
　　　3　眠る　　　　　　　　　　　　4　〜を閉める

■　〈take +乗り物〉で「(乗り物)に乗っていく」という意味を表すので，2が適切です。「車を持っていないので」にもうまくつながります。

WORDS&PHRASES
□ airport ― 空港　　□ arrive ― 到着する　　□ sleep ― 眠る　　□ close ― 〜を閉める

(11)　パーティーで，シェリーは数人の新しい友達をつくりました。彼女たちは週末に映画に行くでしょう。
　　　1　say(〜を言う)の過去形
　　　2　cook(〜を料理する)の過去形
　　　3　make(〜をつくる)の過去形
　　　4　forget(〜を忘れる)の過去形

✎ make friends で「友達をつくる」という意味なので，**3**が適切です。「彼女たちは週末に映画に行くでしょう。」にもうまくつながります。

> 📖 **WORDS&PHRASES**
> □ **made**──**make**（～をつくる）の過去形　　□ **said**──**say**（～を言う）の過去形

---

(12) A: 週末はバンクーバーにいる予定ですか。
B: はい，私たちは友人の所に滞在する予定です。

1 ～として　　　　　　　　　2 ～に
3 ～の上に　　　　　　　　　4 （stay at ～で）～に滞在する

✎ stay at ～で「～に滞在する」という意味を表すので，**4**が適切です。

> 📖 **WORDS&PHRASES**
> □ **be in ～**──～にいる　　□ **stay at ～**──～に滞在する　　□ **place**──場所，所

---

(13) A: あなたの学校では野球とサッカーのどちらのスポーツがより人気がありますか。
B: 野球です。

1 どちらの　　　2 だれの　　　3 どこに　　　4 だれが

✎ 〈Which＋名詞＋is ～?〉で「どちらの…が～ですか。」という意味になるので，**1**が適切です。

> 📖 **WORDS&PHRASES**
> □ **sport**──スポーツ　　□ **more**──（比較級をつくって）もっと　　□ **popular**──人気がある

---

(14) ケイコはクラスメートよりも速く泳げます。

1 ～のために　　　2 そして　　　3 ～よりも　　　4 ～なので

✎ 空所の直前にfastの比較級fasterがあるので，「～よりも」という意味を表す**3**が適切です。〈副詞［形容詞］の比較級＋than ～〉で「～よりも…」という意味になります。

> 📖 **WORDS&PHRASES**
> □ **can**──～できる　　□ **faster**──**fast**（速く）の比較級　　□ **classmate**──クラスメート

(15) 昨日ベンは列車で家に帰るとき，古い友人を見かけました。

1 be動詞の原形

2 be動詞の過去形(主語がⅠや3人称単数の場合)

3 be動詞の過去形(主語がyouや複数の場合)

4 be動詞の現在形(主語が3人称単数の場合)

----

go homeで「家に帰る」という意味を表します。ここではgoing home となっているので，過去進行形〈was［were］＋動詞のing形〉の文だ とわかります。主語がBenなので2が適切です。

📖 WORDS&PHRASES

□ **when**——〜するとき　□ **on the train**——列車で　□ **saw**——**see**(〜を見る)の過去形

(16) 少年：今日の理科の宿題は難しいね。

少女：そうね。一緒にやらない？

少年：うん，そうしよう。

　　　1　それはあなたのもの？　　　2　一緒にやらない？

　　　3　生徒はたくさんいるの？　4　その先生を見つけた？

- -

✔ 最後に少年がYes, let's.「うん，そうしよう。」と答えているので，Do you want to do it together?（〈理科の宿題を〉一緒にやらない？）と誘っている2が適切です。

📖 WORDS&PHRASES

□ together ― 一緒に　　□ Yes, let's. ― うん，そうしよう。

□ Are there 〜? ― 〜がある[いる]か。

(17) 少年：虹だよ！

少女：わあ，本当にきれい。写真を撮りましょう。

　　　1　本当にきれい。

　　　2　私には見えないわ。

　　　3　私は新しいのを手に入れたわ。

　　　4　ここにはないわ。

- -

✔ 少年の「虹だよ！」という言葉に対して，少女が「わあ」と驚いて，空所のあとに「写真を撮りましょう。」と言っていることから，it's really pretty.（本当にきれい。）と言っている1が適切です。

📖 WORDS&PHRASES

□ There's ― There isの短縮形　　□ Let's 〜. ― 〜しましょう。

□ take a picture ― 写真を撮る

(18) 少年1：昨夜電話したけど，きみは家にいなかったね。どこにいたの？

少年2：野球の試合を見に行ったんだ。

　　　1　スポーツは好きじゃないんだ。

　　　2　ぼくの電話じゃなかったよ。

　　　3　きみは家にいなかったね。

4 きみはぼくのバットをなくしたんだ。

☑️ 少年1が空所のあとでWhere were you?（どこにいたの？）とたずねているので，you weren't at home.（きみは家にいなかったね。）と言っている3が適切です。

> 📖 WORDS&PHRASES
> 　□ went―go（行く）の過去形　　□ go to＋動詞の原形―〜をしに行く

(19) 息子: スパゲッティおいしかったよ。ありがとう，お母さん。
　　　母親: どういたしまして。まだおなかすいてる？
　　　息子: ううん，おなかいっぱい。

　　　1　試食していい？　　　　　　2　あなたが作ったの？
　　　3　キッチンにあるの？　　　　4　まだおなかすいてる？

☑️ 食後の息子と母親の会話。母親の言葉に対して，息子が「ううん，おなかいっぱい。」と答えていることから，Are you still hungry?（まだおなかすいてる？）とたずねている4が適切です。

> 📖 WORDS&PHRASES
> 　□ delicious―とてもおいしい　　　□ I'm full.―おなかがいっぱいだ。
> 　□ hungry―空腹の，おなかがすいた

(20) 男性1: マーク，何時かな？
　　　男性2: 4時30分だよ。
　　　男性1: おっと，今すぐ行かなきゃならないね。会議の時間だ。

　　　1　ぼくはそこにいなかったよ。
　　　2　彼の名前は知らないよ。
　　　3　ぼくらは今すぐ行かなきゃならないね。
　　　4　ぼくらはカフェでランチを食べたよ。

☑️ 男性2に時刻を聞いた男性1が，空所のあとで「会議の時間だ。」と言っていることから，we must go now.（ぼくらは今すぐ行かなきゃならないね。）と言っている3が適切です。

> 📖 WORDS&PHRASES
> 　□ must―〜しなければならない　　□ It's time for 〜.―〜の時間だ。　　□ meeting―会議

(21) **Akiko (had to work on Saturdays) last month.**

⬛ 「働かなくてはなりませんでした」の部分は, have to ～「～しなければならない」の過去形had to ～ を使って, had to workと組み立てます。「土曜日に」はon Saturdaysと表します。

(22) **Peter (practiced kicking the ball before the soccer game).**

⬛ まず, Peter practiced kicking the ball (ピーターはボールを蹴る練習をしました)と組み立てます。次に前置詞before (～の前に)を置いて,「サッカーの試合の前に」をbefore the soccer gameとします。

(23) **Thomas (saw a famous singer near his office) yesterday.**

⬛ まず, Thomas saw a famous singer (トーマスは有名な歌手を見ました)と組み立てます。yesterdayは文末にあるので, near his office (オフィスの近くで)を続ければ完成です。

(24) **(When is Jack going to see) the movie?**

⬛ 疑問詞when (いつ)から始まる疑問文です。be going to ～ (～する予定だ)の疑問文は, 主語の前にbe動詞を出すので, When is Jack going to see the movie?と組み立てます。

(25) **My (dream is to be a pilot).**

⬛ まず, My dream is (私の夢は～です)と組み立てます。「パイロットになること」は〈to ＋動詞の原形〉(不定詞)を使って, to be a pilotと組み立て, isのあとに置きます。

本文の意味

ゴールデンパークへのクラス旅行

6 月 17 日に，㉖グランツ先生のクラスはバスでゴールデンパークに行きます。生徒はそこでサッカーをしたり自転車を借りたりできます。昼食のあと，私たちは公園を掃除します。

㉗午前 8 時に校門に集まってください。

・昼食と大きなごみ袋を持ってきてください。

・（縁のある）帽子あるいはキャップをかぶったほうがいいです。

㉖　**生徒はどうやってゴールデンパークに行きますか。**

1　車でです。　　　　　　　　　2　地下鉄でです。

3　バスでです。　　　　　　　　4　自転車でです。

- -

☑　下線部㉖に注目します。Mr. Grant's class will go to Golden Park by bus. とあるので，正解は3です。

㉗　**6月17日の午前8時に生徒はどこに集まりますか。**

1　校門にです。　　　　　　　　2　ゴールデンパークにです。

3　サッカースタジアムにです。　　4　グランツ先生の家にです。

- -

☑　下線部㉗に注目します。Please meet at the school gate at 8 a.m. とあるので，正解は1です。

📖 WORDS&PHRASES

□ **trip**—旅行　□ **June**— 6 月　□ **by**—（乗り物）で　□ **can**—〜できる
□ **borrow**—〜を借りる　□ **bike**—自転車　□ **we'll**—we will の短縮形
□ **clean**—〜を掃除する　□ **meet**—〜に会う　□ **gate**—門　□ **a.m.**—午前
□ **bring**—〜を持ってくる　□ **large**—大きい　□ **garbage**—ごみ
□ **should**—〜したほうがいい，〜すべきである　□ **wear**—〜を着る，〜をかぶる
□ **hat**—（縁のある）帽子　□ **cap**—（縁のない）帽子，キャップ

本文の意味

送信者：ジェームズ・ライアン
宛先：ノーマ・ライアン
日付：1月14日
件名：ケーキ

親愛なるおばあちゃん，

元気？　この前の日曜日にジェニーおばさんの家で会えてうれしかったよ。そのとき聞き忘れたことがあるんだ。来週水曜日はぼくの友達の誕生日でさ。㉙次の火曜日の放課後，㉘彼のためにケーキを作りたいんだ。彼はチョコレートケーキが大好きなんだけど，おばあちゃんのケーキが一番おいしいんだ！　レシピを送ってもらえないかな？

あなたの孫，

ジェームズ

送信者：ノーマ・ライアン
宛先：ジェームズ・ライアン
日付：1月14日
件名：お安い御用よ

こんにちは　ジェームズ，

いいわよ。あなたにチョコレートケーキのレシピを書いてあげるわ。金曜日にあなたのお父さんに会うの。そのときレシピを渡すから，家であなたに渡してもらえるわ。㉚火曜日の夜，ケーキを冷蔵庫に入れなきゃだめよ。もし何か質問があれば私に聞いてちょうだい。

愛をこめて，

おばあちゃん

----

(28)　**ジェームズはだれのためにケーキを作りますか。**
　　1　彼の先生です。　　　　**2　彼の父親です。**
　　3　彼の祖母です。　　　　4　彼の友達です。

☑ 下線部㉘に I want to make a cake for him …とあり，him は前文 It's my friend's birthday …の my friend を指すので，正解は4です。

㉙ ジェームズはいつケーキを作りたいですか。
1 次の火曜日です。　　　　　　2 次の水曜日です。
3 次の金曜日です。　　　　　　4 次の日曜日です。

☑ 下線部㉘㉙に I want to make a cake for him next Tuesday after school. とあるので，正解は1です。

㉚ ジェームズのおばあさんは彼に何と言っていますか。
1 彼は両親に手伝いをお願いするべきです。
2 彼はケーキを冷蔵庫に入れるべきです。
3 彼はチョコレートを買うべきです。
4 彼は彼女にレシピを送るべきです。

☑ 下線部㉚に You should put the cake in the fridge on Tuesday night. とあるので，正解は2です。

WORDS&PHRASES

□ January ― 1月　　□ Grandma ― おばあちゃん
□ Aunt ～ ― ～おばさん　　□ forgot ― forget（～を忘れる）の過去形
□ forget to ～ ― ～するのを忘れる　　□ ask ＋人＋こと ― (人)に(こと)をたずねる
□ birthday ― 誕生日　　□ Wednesday ― 水曜日　　□ next week ― 来週
□ want to ～ ― ～したい　　□ Tuesday ― 火曜日　　□ after school ― 放課後
□ best ― good（おいしい）の最上級　　□ Could you ～? ― ～してくれませんか。
□ send ＋人＋物 ― (人)に(物)を送る　　□ grandson ― (男の)孫
□ write down ― 書き留める　　□ give ＋人＋物 ― (人)に(物)をあげる
□ put ～ in … ― ～を…に入れる　　□ if ― もし～ならば

ハンナの新しい趣味

　ハンナはオーストラリアのシドニー出身の高校生です。毎年，ハンナは家族と旅行に行きます。㉛この前の1月，彼らはフィジーに旅行しました。彼らのホテルは美しい浜辺の隣にありました。水は温かく，海の中には興味深い魚がいました。㉜ハンナは魚を見て楽しみました。

　ある日，ハンナの母親が「私と一緒にサーフィンのクラスを受けない？」とたずねました。ハンナは「うん，でも私は初めてだよ。」と言いました。母親は「心配しないで。㉝先生が助けてくれるわ。」と言いました。

　次の日，彼女たちはサーフィンのクラスを受けました。先生は親切で，クラスは楽しいものでした。㉞サーフボードの上で立ち上がったとき，ハンナは幸せでした。㉟クラスのあと，ハンナはインターネットでほかのサーフィンの学校を探しました。彼女はシドニーにある1つの学校を見つけ，そこでサーフィンのレッスンを受けようと決めました。ハンナはサーフィンがとても好きで，もっと練習するのを待ちきれません。

(31)　この前の1月にハンナは何をしましたか。

　　1　フィジーに行きました。　　　　2　高校生活を始めました。
　　3　シドニーを訪れました。　　　　4　釣りに行きました。

　　✎　下線部㉛に Last January, they traveled to Fiji. とあるので，正解は
　　　　1です。they は前文中にあるハンナと家族を指しています。

(32)　ハンナは浜辺で何をして楽しみましたか。
　　1　海で泳ぐことです。　　　　　　2　家族と遊ぶことです。
　　3　宿題をすることです。　　　　　4　魚を見ることです。

　　✎　下線部㉜に Hannah enjoyed looking at the fish. とあるので，正解
　　　　は4です。enjoy ～ing で「～することを楽しむ，～して楽しむ」という意味です。

(33)　ハンナの母親はハンナに何と言いましたか。

1 彼女がハンナにサーフボードを買ってあげるでしょう。

2 先生がハンナにサーフィンについて教えてくれるでしょう。

3 彼女はサーフィンについて心配しています。

4 サーフィンの先生は優秀です。

✓ 下線部㉝に The teacher will help you. とあるので，正解は**2**です。

(34) ハンナはいつ幸せでしたか。

1 彼女が水の中に落ちたときです。

2 彼女がサーフボードの上で立ち上がったときです。

3 先生が彼女に親切だったときです。

4 彼女がサーフボードを手に入れたときです。

✓ 下線部㉞に Hannah was happy when she stood up on her surfboard. とあるので, 正解は**2**です。stand up で「立ち上がる」という意味です。

(35) サーフィンのクラスのあと，ハンナは何をしましたか。

1 母親にサーフボードがほしいと言いました。

2 フィジーでサーフィンを習いました。

3 シドニーにあるサーフィンの学校を見つけました。

4 インターネットで友達と話しました。

✓ 下線部㉟に After the class, Hannah looked for other surfing schools …. She found one school in Sydney and…とあるので，正解は**3**です。

📖 WORDS&PHRASES

- **go on a trip**─旅行に行く　　□ **January**─１月　　□ **travel**─旅行する
- **next to** ～─～の隣に　　□ **warm**─温かい　　□ **look at** ～─～を見る
- **Don't worry.**─心配しないで。　　□ **took**─**take**（～をとる，～を受ける）の過去形
- **stood**─**stand**（立つ）の過去形　　□ **look for** ～─～を探す
- **found**─**find**（～を見つける）の過去形　　□ **decide to** ～─～しようと決める
- **can't wait to** ～─～するのを待ちきれない　　□ **went**─**go**（行く）の過去形
- **buy**＋人＋物─（人）に（物）を買ってあげる
- **be worried about** ～─～について心配する　　□ **fell**─**fall**（落ちる）の過去形
- **fall**─落ちる　　□ **into** ～─～の中に　　□ **got**─**get**（～を手に入れる）の過去形
- **ask**＋人＋**for**＋物─（人）に（物）がほしいと言う

136

〈例題〉

A: Hi, my name is Yuta. 「やあ，ぼくの名前はユウタだよ。」
B: Hi, I'm Kate. 「こんにちは，私はケイトよ。」
A: Do you live near here? 「きみはこの近くに住んでいるの？」
　1　I'll be there. 　1「そっちに行くわ。」
　2　That's it. 　2「それだわ。」
　3　Yes, I do. 　3「ええ，そうよ。」

No.1

A: Are you ready? 「準備できた？」
B: I need to find my phone. 「私の電話を見つけなきゃ。」
A: It's on the table. 「テーブルの上だよ。」
　1　Thanks. 　1「ありがとう。」
　2　At school. 　2「学校でだよ。」
　3　See you soon. 　3「またね。」

✔ 探そうとしている電話の場所を教えてもらったので，Thanks.（ありがとう。）とお礼を言っている1が適切です。

No.2

A: Who is that woman by the window? 「窓のそばのあの女性はだれ？」
B: My sister. 「ぼくの姉さんだよ。」
A: What does she do? 「彼女は仕事は何をしてるの？」
　1　She's a teacher. 　1「先生だよ。」
　2　She likes spaghetti. 　2「彼女はスパゲッティが好きだよ。」
　3　She's 23 years old. 　3「彼女は23歳だよ。」

✔ Bは姉が何をしているかを聞かれているので，She's a teacher.（先生だよ。）と職業を答えている1が適切です。

No.3

🔊
A: Are you hungry?
B: Yes, it's almost lunchtime.
A: What do you want to eat?
   1 Wash the dishes.
   2 The restaurant is busy.
   3 Some sandwiches.

「おなかすいてる？」
「うん，もうお昼よ。」
「何を食べたい？」
  1「お皿を洗って。」
  2「レストランは混んでいるわ。」
  3「サンドイッチ。」

✓ 昼食に何を食べたいかをたずねられているので，食べ物を答えている3が適切です。

No.4

🔊
A: Where do you have soccer practice?
B: At school.
A: What do you do when it rains?
   1 My raincoat is new.
   2 We use the gym.
   3 You can call me.

「どこでサッカーの練習をするの？」
「学校で。」
「雨が降ったら何をするの？」
  1「私のレインコートは新しいの。」
  2「体育館を使うよ。」
  3「私に電話してもいいよ。」

✓ 学校でサッカーの練習をするというBに，雨が降ったら何をするかをたずねているので，2のWe use the gym.（体育館を使うよ。）を選ぶと会話が成り立ちます。

No.5

🔊
A: Where's your scarf?
B: Oh no. I left it at the restaurant.
A: What should we do?
   1 The steak was delicious.
   2 Under the table.
   3 Let's go back and get it.

「きみのスカーフはどこ？」
「いけない。レストランに置いてきちゃった。」
「どうする？」
  1「ステーキはおいしかったわ。」
  2「テーブルの下よ。」
  3「取りに戻りましょう。」

☑ レストランにスカーフを忘れたBに,「どうする？」と聞いているので, 3のLet's go back and get it.（取りに戻りましょう。）を選ぶと会話が成り立ちます。

No.6

🔊

A : It'll be summer soon.	「もうすぐ夏よ。」
B : Let's go on a trip.	「旅行に行こうよ。」
A : Good idea. Where do you want to go?	「いいわね。どこに行きたい？」
1 In our garden.	1 「私たちの庭に。」
2 At work.	2 「仕事で。」
3 To the beach.	3 「浜辺に。」

☑ 「どこに（旅行に）行きたい？」とたずねているので, To the beach.（浜辺に。）と場所を答えている3が適切です。

No.7

🔊

A : I have two sisters.	「ぼくには姉妹が2人いるんだ。」
B : I only have one.	「私には1人しかいないわ。」
A : Is she older than you?	「彼女は年上なの？」
1 No, she's too busy.	1 「いいえ, 彼女は忙しすぎるの。」
2 No, she's two years younger.	2 「いいえ, 2歳年下よ。」
3 No, she's from Japan.	3 「いいえ, 彼女は日本出身よ。」

☑ 「彼女（＝きみの姉妹）は年上なの？」と聞いているので, 2のNo, she's two years younger.（いいえ, 2歳年下よ。）を選ぶと会話が成り立ちます。

No.8

🔊

| A : Can we go to the park, Mom? | 「公園に行っていい, お母さん？」 |

B: Not right now. It's raining.	「今はだめよ。雨が降っているわ。」
A: Maybe it'll stop soon.	「もうすぐやむかもしれないよ。」
1 I hope so.	1「そうだといいけど。」
2 I had some, too.	2「私も持っていたわ。」
3 I'll try.	3「やってみるわ。」

Maybe it'll stop soon.（もうすぐやむかもしれないよ。）に対して，1のI hope so.（そうだといいけど。）を選ぶと会話が成り立ちます。

No.9

A: Let's sit here, Dad.	「ここに座ろう，お父さん。」
B: OK.	「いいよ。」
A: Can I sit next to the window?	「窓の隣に座っていい？」
1 Sure, no problem.	1「ああ，いいよ。」
2 Yes, it's tomorrow.	2「うん，明日だよ。」
3 No, it wasn't late.	3「いいや，遅れなかったよ。」

窓の隣に座っていいかを聞かれているので，Sure, no problem.（ああ，いいよ。）と答えている1が適切です。No problem.で「問題ない。＝いいよ。」という意味を表します。

No.10

A: What are you looking for?	「何を探しているの？」
B: My passport.	「ぼくのパスポート。」
A: It's over there.	「そこにあるわよ。」
1 Not today.	1「今日じゃないよ。」
2 You're right.	2「本当だ。」
3 On business.	3「仕事で。」

It's over there.（〈あなたのパスポートは〉そこにあるわよ。）に対して，2のYou're right.（君は正しい。＝本当だ。）を選ぶと会話が成り立ちます。

No.11

A: Let's go to the shopping mall, Dad.

B: Why, Karen?

A: I joined the basketball club, so I need some new shoes.

B: I see.

Question **Why does Karen want to go to the shopping mall?**

A: ショッピングモールに行こうよ，お父さん。

B: どうしてだい，カレン？

A: バスケットボール部に入ったから，新しいシューズが必要なの。

B: わかったよ。

質問 **なぜカレンはショッピングモールに行きたいのですか。**

1　レストランで食事をするためです。

2　父親にプレゼントを買うためです。

3　バスケットボールの試合を見るためです。

4　新しいシューズを手に入れるためです。

☑ B（父親）の「どうしてだい？」に対して，A（カレン）がI need some new shoes（新しいシューズが必要なの）と言っているので，4が適切です。

No.12

A: Let's go to a movie tonight.

B: OK. Do you want to eat dinner first?

A: Sure. Let's try the new Mexican restaurant.

B: Perfect.

Question **What are they going to do first?**

A: 今夜映画に行こうよ。

B: いいわよ。まず夕食を食べない？

A: いいよ。新しいメキシカンレストランに行ってみようよ。

B: いいわね。

質問 彼らはまず何をするつもりですか。

1 映画に行きます。　　　　　　2 メキシコ料理を作ります。
3 夕食を食べます。　　　　　　4 新しいテレビを探します。

📝 Bの Do you want to eat dinner first?（まず夕食を食べない？）に
対して，Aが Sure.「いいよ。」と答えているので，3が適切です。

No.13

🔊 *A:* John, are these your textbooks?

B: No, Mom.　They're Sally's.

A: Oh.　Where is she?

B: She's playing outside with her friend.

Question **Whose textbooks are they?**

A: ジョン，これらはあなたの教科書？

B: 違うよ，お母さん。サリーのだよ。

A: そう。彼女はどこ？

B: 友達と外で遊んでいるよ。

質問 それらはだれの教科書ですか。

1 ジョンのです。　　　　　　2 サリーのです。
3 ジョンの母親のです。　　　　4 サリーの友達のです。

📝 A（母親）の「これらはあなたの教科書？」に対して，B（ジョン）が
No, Mom.　They're Sally's.（違うよ，お母さん。サリーのだよ。）
と答えているので，2が適切です。

No.14

🔊 *A:* How are you, David?

B: Not very good.

A: Why?　Are you sick?

B: No, I ate too much pizza for lunch.

Question **What is David's problem?**

A: 調子はどう，デビッド？

B: あまりよくないよ。

A: どうして？　具合が悪いの？

B: ううん，昼食にピザを食べすぎたんだ。

質問 デビッドの問題は何ですか。

1 彼は食べすぎました。　　　2 彼はかぜをひきました。

3 彼は遅く寝ました。　　　　4 彼はピザが好きではありません。

☑ Aの「具合が悪いの？」に対して，B（デビッド）がNo, I ate too much pizza for lunch.（ううん，昼食にピザを食べすぎたんだ。）と言っているので，1が適切です。

No.15

🔊
A: Are those your new shoes?

B: Yeah, I bought them for twenty dollars.

A: Really? Were they on sale?

B: Yes. They're usually fifty-five dollars.

Question **How much were the boy's shoes?**

A: それはあなたの新しい靴？

B: うん，20ドルで買ったんだ。

A: 本当に？　セールだったの？

B: そう。ふつうは55ドルなんだ。

質問 少年の靴はいくらでしたか。

1 15ドルでした。　　　　　2 20ドルでした。

3 25ドルでした。　　　　　4 50ドルでした。

☑ Aの「それはあなたの新しい靴？」に対して，BがYeah, I bought them（=my new shoes）for twenty dollars.（うん，20ドルで買ったんだ。）と答えているので，2が適切です。

A: Let's go to the park!

B: But it's too windy.

A: It's not raining. Just wear a warm jacket.

B: OK.

Question **How is the weather?**

A: 公園に行こう！

B: でも風が強すぎるわ。

A: 雨は降ってないよ。暖かいジャケットを着なよ。

B: わかったわ。

質問 **どんな天気ですか。**

1 風が強いです。　　　　　　　2 暖かいです。

3 雨が降っています。　　　　　4 雪が降っています。

☑ Aの「公園に行こう！」に対して，Bが But it's too windy.（でも風が強すぎるわ。）と言っているので，1 が適切です。

A: Can I borrow your umbrella?

B: Sure. But please give it back to me tomorrow.

A: OK. I lost my raincoat yesterday.

B: I see.

Question **What did the boy lose?**

A: きみのかさを借りてもいい？

B: いいわよ。でも明日には返してね。

A: 了解。昨日レインコートをなくしたんだ。

B: そうなんだ。

質問 **少年は何をなくしましたか。**

1 彼のセーターです。　　　　　2 彼のかさです。

3 彼の家の鍵です。　　　　　　4 彼のレインコートです。

☑ AがI lost my raincoat yesterday.（昨日レインコートをなくしたんだ。）と言っているので，4が適切です。

No.18

🔊
A: I like these red socks.

B: They're expensive. How about the green ones?

A: They'll look good with my blue dress. I'll get those.

B: Great!

Question **Which socks will the woman get?**

- -

A: この赤いくつ下が好きだわ。

B: 高いよ。その緑のはどう？

A: 私の青いドレスとよく合いそうだわ。それを買おう。

B: いいね！

質問 **女性はどのくつ下を買うつもりですか。**

1 黒いくつ下です。　　　　　　2 赤いくつ下です。

3 緑のくつ下です。　　　　　　4 青いくつ下です。

- -

☑ BのHow about the green ones（=socks）?（その緑のはどう？）に対して，AがThey'll（=green ones［socks］will）look good with my blue dress. I'll get those（=green ones［socks］）.（私の青いドレスとよく合いそうだわ。それを買おう。）と言っているので，3が適切です。

No.19

🔊
A: Is Jack in your art class?

B: No, Ben. He's in Ms. Norton's art class.

A: He's my best friend.

B: Yeah, he's really nice.

Question **Who is Ben's best friend?**

- -

A: ジャックはきみの美術のクラスにいる？

B: いいえ，ベン。彼はノートン先生の美術のクラスにいるわ。

22
年
度

第
3
回

リ
ス
ニ
ン
グ

145

A: 彼はぼくの親友なんだ。

B: そうよね，彼は本当にいい人よね。

質問 ベンの親友はだれですか。

1 ジャックです。

2 ノートン先生です。

3 その少女です。

4 ノートン先生の息子です。

A（ベン）が「ジャックはきみの美術のクラスにいる？」とたずねたのに対して，BがHe's（=Jack is）in Ms. Norton's art class.（彼（=ジャック）はノートン先生の美術のクラスにいるわ。）と答えたのを受けて，AがHe's（=Jack is）my best friend.（彼（=ジャック）はぼくの親友なんだ。）と言っているので，1が適切です。

No.20

A: Happy birthday, Jill!

B: Thank you, Mark! Your birthday is next week, right?

A: No, mine is next month. Please come to my party.

B: OK, I will. Thanks.

Question **When is Mark's birthday?**

A: お誕生日おめでとう，ジル！

B: ありがとう，マーク！ あなたの誕生日は来週よね？

A: ううん，ぼくのは来月だよ。パーティーに来てね。

B: わかったわ，行くわ。ありがとう。

質問 マークの誕生日はいつですか。

1 今日です。

2 明日です。

3 来週です。

4 来月です。

Bの「あなたの誕生日は来週よね？」に対して，A（マーク）がNo, mine（=my birthday）is next month.（ううん，ぼくのは来月だよ。）と答えているので，4が適切です。

リスニングテスト第3部 （問題 p.116〜117）

No.21

🔊 I just started high school. I'm good at history, but math and science are difficult. English is hard, too, but the teacher is really funny.

Question **Which subject is the girl good at?**

私は高校に入ったばかりです。歴史は得意ですが，数学と理科は難しいです。英語も難しいですが，先生はとても面白いです。

質問 **少女はどの科目が得意ですか。**

1 数学です。 　　　　　　　2 英語です。
3 歴史です。 　　　　　　　4 理科です。

✓ I'm good at history（歴史は得意です）と言っているので，少女が得意な科目は3の「歴史」であることがわかります。

📖 WORDS&PHRASES
□ be good at 〜 — 〜が得意だ　　□ history — 歴史　　□ subject — 科目

No.22

🔊 I went for a long walk today. It was sunny, but then it started to rain. I waited in a café, and then I walked home.

Question **What is the woman talking about?**

私は今日は長い散歩をしました。晴れていたのですが，あとで雨が降り始めました。カフェで待って，それから歩いて帰りました。

質問 **女性は何について話していますか。**
1 散歩です。 　　　　　　　2 カフェで働くことです。
3 昼食を作ることです。 　　4 家を掃除することです。

✓ 最初にI went for a long walk today.（私は今日長い散歩をしました。）と言い，続けてその様子を説明しているので，1が適切です。

No.23

🔊 Good afternoon, customers.　This week, we're having a sale on basketballs and soccer balls.　On the weekend, tennis and badminton rackets will be on sale, too.

Question **Where is the man talking?**

こんにちは，お客様。今週，当店ではバスケットボールとサッカーボールのセールをしております。週末には，テニスとバドミントンのラケットもセールになります。

質問 **男性はどこで話していますか。**

1 野球場です。　　　　　　　　　2 学校の体育館です。

3 スポーツショップです。　　　　4 職員室です。

📝 customers（お客様），we're having a sale（セールをしています），on sale（セールに）などの言葉から，男性は，3の「スポーツショップ」で話していることがわかります。

No.24

🔊 Nancy wanted to go hiking last Saturday or Sunday, but it rained. She'll go next Tuesday because it is a school holiday.

Question **When will Nancy go hiking?**

ナンシーはこの前の土曜日か日曜日にハイキングに行きたかったのですが，雨が降りました。学校が休みなので次の火曜日に彼女は行くつもりです。

質問 **ナンシーはいつハイキングに行くつもりですか。**

1 次の火曜日です。　　　　　　　2 次の木曜日です。

3 次の土曜日です。　　　　　　　4 次の日曜日です。

☑ 最初に Nancy wanted to go hiking last Saturday or Sunday, but…とあって, She'll go next Tuesday (彼女は次の火曜日に行くつもりです)と言っているので, 1が適切です。

📖 WORDS&PHRASES
□ **go hiking**—ハイキングに行く　　□ **rain**—雨が降る　　□ **holiday**—休み, 休日

No.25

🔊 Charles is a university student. He wanted to learn a new language. He already speaks Spanish and English, so he studied French this year.

Question **What language did Charles study this year?**

チャールズは大学生です。彼は新しい言語を習いたいと思っていました。彼はすでにスペイン語と英語を話すので, 今年はフランス語を勉強しました。

質問 **今年チャールズは何語を勉強しましたか。**

1　スペイン語です。　　　2　フランス語です。
3　ドイツ語です。　　　　4　英語です。

☑ 最後に he studied French this year (彼は今年フランス語を勉強しました)と言っているので, 2が適切です。

📖 WORDS&PHRASES
□ **university**—大学　　□ **language**—言語　　□ **Spanish**—スペイン語

No.26

🔊 Parkland Zoo will close at seven tonight. Tomorrow, we'll close at three because it's a holiday. The restaurant will close at noon tomorrow.

Question **What time will Parkland Zoo close tomorrow?**

パークランド動物園は今夜は7時に閉まります。明日は休日なので3時に閉まります。明日, レストランは正午に閉まります。

質問 明日，パークランド動物園は何時に閉まりますか。

1 2時にです。 2 3時にです。

3 7時にです。 4 12時にです。

✑ Parkland Zoo will close at seven tonight. と言ったあとに，Tomorrow, we'll close at three because it's a holiday. (明日は休日なので3時に閉まります。)と，今日とは閉園時間が異なることを説明しているので，2が適切です。

📖 WORDS&PHRASES

□ **close**—閉まる □ **because**—〜なので □ **restaurant**—レストラン

No.27

🔊 I eat a different kind of ice cream every Saturday. Last Saturday, I ate chocolate. This Saturday, I'm going to eat strawberry.

Question **Which kind of ice cream will the man eat this Saturday?**

ぼくは毎週土曜日に異なる種類のアイスクリームを食べます。先週の土曜日，ぼくはチョコレートアイスを食べました。今週の土曜日は，ストロベリーアイスを食べる予定です。

質問 今週の土曜日に男性はどの種類のアイスクリームを食べるでしょうか。

1 チェリーです。 2 ストロベリーです。

3 チョコレートです。 4 バニラです。

✑ This Saturday, I'm going to eat strawberry. (今週の土曜日は，ストロベリーアイスを食べる予定です。)と言っているので，2が適切です。

📖 WORDS&PHRASES

□ **different**—異なる □ **kind**—種類 □ **strawberry**—ストロベリー，イチゴ

No.28

🔊 Last weekend, I went on a trip with my family. We took a boat to an island. We took pictures of birds there.

What is the boy talking about?

先週末，ぼくは家族と一緒に旅行に行きました。ぼくたちは船で島に行きました。そこで鳥の写真を撮りました。

質問 **少年は何について話していますか。**

1 旅行です。　　　　　　　　　2 ペットの鳥です。
3 週末の予定です。　　　　　　4 お気に入りの博物館です。

✎ Last weekend, I went on a trip with my family.（先週末，ぼくは家族と一緒に旅行に行きました。）と言ったあとで，その旅行の説明をしているので，1 が適切です。

📖 WORDS&PHRASES
□ **go on a trip** ― 旅行に行く　　□ **take a boat to ～** ― 船で～に行く
□ **island** ― 島

No.29

🔊 I'll start high school next week. I want to join the baseball team because baseball is my favorite sport. My best friend will join the tennis team.

Question **Why does the boy want to join the baseball team?**

ぼくは来週高校生になります。野球はぼくの大好きなスポーツなので野球チームに入りたいです。ぼくの親友はテニスチームに入るつもりです。

質問 **少年はなぜ野球チームに入りたいのですか。**

1 野球は彼の大好きなスポーツです。
2 彼の友達がそのチームにいます。
3 テニスチームはありません。
4 来週に試合があります。

✎ I want to join the baseball team because baseball is my favorite sport.（野球はぼくの大好きなスポーツなので野球チームに入りたいです。）と言っているので，1 が適切です。

No.30

I live near my school. It takes about 10 minutes to walk there. I always leave my house at 7:50 and arrive at school at eight o'clock.

Question **What time does the girl arrive at school?**

私は学校の近くに住んでいます。そこまで行くのに歩いて約10分かかります。私はいつも7時50分に家を出て，8時に学校に着きます。

質問 **少女は何時に学校に着きますか。**

1　7時にです。　　　　　　　　　　2　7時10分にです。
3　7時50分にです。　　　　　　　　4　8時にです。

✓ I always leave my house at 7:50 and arrive at school at eight o'clock.（私はいつも7時50分に家を出て，8時に学校に着きます。）と言っているので，**4**が適切です。**3**は家を出る時間です。

英 検 **4** 級

合格力チェックテスト 解 答 と 解 説

筆記 [p.120 − p.129]

1
(1) 4	(2) 1	(3) 2	(4) 3	(5) 4
(6) 3	(7) 4	(8) 3	(9) 2	(10) 4
(11) 2	(12) 3	(13) 1	(14) 1	(15) 3

2
| (16) 2 | (17) 3 | (18) 4 | (19) 1 | (20) 3 |

3
| (21) 1 | (22) 1 | (23) 3 | (24) 1 | (25) 4 |

4A
| (26) 1 | (27) 2 |

4B
| (28) 3 | (29) 3 | (30) 2 |

4C
| (31) 3 | (32) 2 | (33) 2 | (34) 3 | (35) 2 |

リスニング [p.130 − p.135]

第 **1** 部
| [No.1] 2 | [No.2] 1 | [No.3] 3 | [No.4] 3 | [No.5] 2 |
| [No.6] 3 | [No.7] 2 | [No.8] 1 | [No.9] 2 | [No.10] 1 |

第 **2** 部
| [No.11] 2 | [No.12] 1 | [No.13] 2 | [No.14] 3 | [No.15] 3 |
| [No.16] 4 | [No.17] 2 | [No.18] 4 | [No.19] 3 | [No.20] 2 |

第 **3** 部
| [No.21] 2 | [No.22] 3 | [No.23] 2 | [No.24] 2 | [No.25] 2 |
| [No.26] 1 | [No.27] 4 | [No.28] 3 | [No.29] 3 | [No.30] 2 |

合格力診断チャートに正解数を記入しよう!

合格力チェックテストの単元ごとの正解数を,下のチャートに中心からめもりを数えて印をつけ,線で結びます。正解が少なかった分野については,下の「分野別弱点克服の方法」を参考に学習を進めましょう!

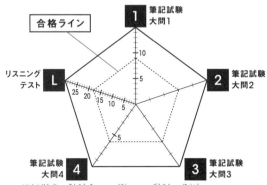

※合格ラインは弊社独自の参考値です。必ずしも合格を保証するものではありません。

分野別弱点克服の方法

自分の弱点に集中して取り組み,効率的に合格に必要な対策をしましょう。

1 筆記試験大問1

語い力の強化が得点アップのカギになりそうです。英検用の単語帳などを使って,対策をしましょう。単語は,意味をかくしてもわかるようにしましょう。

2 筆記試験大問2

会話で使われる決まった表現を強化しましょう。単語帳に載っている会話表現を言えるようになるくらい,しっかり覚えておくのがおすすめです。

3 筆記試験大問3

語句の並べかえでは,比較表現・会話表現・熟語などが出やすいです。過去問や英作文の問題で表現を使い分ける練習をしておくとよいでしょう。

4 筆記試験大問4

読解力を強化しましょう。登場人物がどこで何をするかなど,質問されやすいキーワードを本文の中から探し,その部分に注意して読みましょう。

L リスニングテスト

リスニング力の強化のために,音声教材付きの単語帳・問題集を使って,例文や会話をくり返し聞きましょう。あらかじめ選択肢に目を通しておくのもよいでしょう。

(1)　ジョンは学校で2種類の言語，フランス語と中国語を習っています。
1 公園　　2 学校　　3 段階　　4 言語

☑ French and Chinese がポイントです。これは「フランス語と中国語」という意味なので，languages（言語）の4が適切です。

WORDS&PHRASES
□ French — フランス語　　□ Chinese — 中国語

(2)　*A:* その映画のチケットはいくらですか。
B: 12 ドルです。
1 チケット　　2 時間　　3 スター　　4 劇場

☑ How much ～? がポイントです。値段をたずねているので，1の ticket が適切です。ほかの選択肢は the movie から連想しやすい語ですが，値段をたずねる状況に合いません。

WORDS&PHRASES
□ ticket — チケット，券　　□ movie — 映画　　□ dollar — ドル

(3)　*A:* どのように手紙を送りましたか。
B: 速達郵便で。
1 ～を書く　　2 ～を送る　　3 ～を開ける　　4 ～を取る

☑ Bが手紙を送った方法を答えているので，2の send が適切です。

WORDS&PHRASES
□ send — ～を送る　　□ express mail — 速達郵便

(4)　*A:* あなたの学校には，生徒は何人いますか。
B: 1000 人をちょっと超えます。
1 数　　2 教室　　3 1000　　4 キロメートル

☑ How many ～? がポイントです。生徒の人数をたずねているので，

数を表す3の thousand が適切です。ほかの選択肢の語は，生徒の人数を述べる語として適しません。

(5) **A:** こんにちは。私の名前はマンディで，オーストラリア出身です。
　　B: 本当ですか。ぼくもオーストラリア出身で，ぼくの名前はジョンです。
　　1 また，再び　　**2** そのような　　**3** いつも　　**4** ～もまた

☑ AとBの2人はどちらも出身地が同じであるということがポイントです。「～も」という意味の4の also が適切です。

(6) **A:** ロバート，夕食の前に宿題をしなさい。
　　B: わかったよ，お母さん。
　　1 ～の中に　　**2** ～の上に　　**3** ～の前に　　**4** ～へ

☑ 空所のあとに dinner が続いていることがポイントです。「夕食～宿題をしなさい」という意味なので，「～の前に」という意味を表す3の before が適切です。

(7) **ジャックは小さな村の出身ですが，今は彼は大きな都市に住んでいます。**
　　1 サイズ　　**2** 橋　　**3** 旅　　**4** 村

☑ 文の前半と後半が「しかし」という意味の but でつながっていることがポイントです。後半の「大きな都市」に対して，前半では「（小さな）村」となる4の village が適切です。

(8)　ピーターのクラスはバスツアーで海辺に行きました。彼らはそこでとても楽しい時間を過ごしました。

1　play（遊ぶ）の過去形
2　take（～を取る）の過去形
3　have（～を経験する）の過去形
4　speak（話す）の過去形

✔　空所のあとの a very good time がポイントです。have a good time で「楽しい時間を過ごす」という意味なので3の had が適切です。

📖 WORDS&PHRASES
□ bus tour―バスツアー　　□ have a good time―楽しい時間を過ごす

(9)　これはとても有名な祭りです。世界中から多くの人がやって来ます。

1　～の間中　　　　　　　　2　（all over the world で）世界中
3　～と一緒に　　　　　　　4　～まで

✔　「世界中から多くの人がやって来ます」という意味の文になると考えられるので，「世界中」という意味の all over the world を作ることができる2の over が適切です。

📖 WORDS&PHRASES
□ festival―祭り　　□ all over the world―世界中

(10)　ケイトは，最後にケーキの上に数種類の果物を加えました。それはとてもおいしかったです。

1　植物　　　　　　　　　　2　停車場
3　腕　　　　　　　　　　　4　種類

✔　「ケーキの上にいくつかの～の果物を加えました」という意味の文なので，「種類」という意味を表す4の kinds が適切です。a few kinds of ～は「何種類かの～」という意味です。

📖 WORDS&PHRASES
□ add―～を加える　　□ last―最後に　　□ delicious―とてもおいしい

(11) 父は毎朝とても早く目を覚まします。彼は朝食の前にジョギングに行きます。

1 待つ　　　　　　　　　　　2 （wake up で)目を覚ます

3 ～を見つける　　　　　　　4 ～を捕まえる

☑ 空所のあとの up がポイントです。「毎朝とても早く～」という意味の文なので，wake up(目を覚ます)という意味になる2が適切です。

📖 WORDS&PHRASES
□ wake up―目を覚ます　　□ go jogging―ジョギングに行く

(12) 子どもたちがよくこの公園でキャッチボールをします。

1 ～を見せる　　　　　　　　　　　2 ～を取る

3 （play catch で)キャッチボールをする　　4 立つ

☑ 空所のあとの catch(キャッチボール)がポイントです。play catch で「キャッチボールをする」という意味を表すので，3の play が適切です。

📖 WORDS&PHRASES
□ often―よく　　□ play catch―キャッチボールをする

(13) ヘンリーと彼の姉[妹]は明日ハイキングに行く予定です。でも，ヘンリーの兄[弟]は宿題がたくさんあるため行かないでしょう。

1 will not の短縮形　　　2 is not の短縮形
3 do not の短縮形　　　　4 are not の短縮形

☑ 1文目に tomorrow とあり，未来の話をしているので，「～しないつもりだ」という未来のことを表す1の won't が適切です。

📖 WORDS&PHRASES
□ go hiking―ハイキングに行く　　□ because ～―～なので　　□ a lot of ～―多くの～

(14) 食器を洗っていたとき，キャシーはコップを割ってしまいました。

1 break(～を割る)の過去形
2 break の3人称単数現在形
3 ～を割るだろう

158

4 ～を割ること，～を割るための，～を割るために

- ☑ when 以降が「食器を洗っていたとき」という過去の意味なので，過去形の1のbrokeが適切です。2は現在形，3は未来のことを表します。4は不定詞なので，空所に入れても文が成り立ちません。

> ■ WORDS&PHRASES
> □ glass—コップ　　□ wash the dishes—食器を洗う

(15) 私はサッカーより野球のほうが好きです。

1 上手な，よい
2 上手に，よく
3 good，well の比較級
4 good，well の最上級

- ☑ 空所のあとの than がポイントです。than は「～より」という意味を表すので，比較級を表す3の better が適切です。like A better than B で「B より A のほうが好きだ」という意味です。

> ■ WORDS&PHRASES
> □ like A better than B—B より A のほうが好きだ

(16) 少年：書店で何かいい本を買ったの？

少女：ええ，何冊か買ったわ。ほら，ここにあるわよ。

1 ３時間よ。

2 ほら，ここにあるわよ。

3 それらを忘れたの。

4 道に迷ったのよ。

✍ 書店で本を何冊か買ったという話をしているので，その本を相手に見せるときの表現の2が適切です。ものが１つのときは，Here it is. と言います。

📖 WORDS&PHRASES

□ bought—buy（〜を買う）の過去形

(17) 父親：アン，きみの学園祭はどうだった？

娘：とても楽しかったわ，お父さん。多くの人が来て，私たちの劇を見てくれたの。

1 寒くなかったわ，

2 知らないわ，

3 とても楽しかったわ，

4 そこを訪れるつもりよ，

✍ 父親は「学園祭はどうだった？」とたずねているので，It was a lot of fun,（とても楽しかったわ）と答えている3が適切です。

📖 WORDS&PHRASES

□ school festival—学園祭

(18) 少女：クリス，今日は元気そうね。気分はどう？

少年：ありがとう。もうすぐぼくは退院できると思うよ。

1 あなたのお医者さまはどなた？

2 いつここに来たの？

3 どうしたの？

4 気分はどう？

✓ 少年が「もうすぐ退院できると思う」と答えています。How do you feel?（気分はどう？）とたずねている**4**が適切です。

📖 WORDS&PHRASES
　□ get out of ～ — ～から出る　　□ hospital — 病院

(19) **少年**：コンビニに行くのに自転車がいるんだ。きみのを使ってもいい？
少女：いいわよ。家の前にあるわ。

　　　1　きみのを使ってもいい？
　　　2　きみは車の運転ができる？
　　　3　そこはここから遠い？
　　　4　きみは自転車を何台持っているの？

✓ 少女は No problem.（問題ありません。＝いいわよ。）と答えて「（それは）家の前にあるわ」と続けているので，May I ～?（～してもいいですか。）を使って「きみのを使ってもいいですか」と許可を求めている**1**が適切です。

📖 WORDS&PHRASES
　□ convenience store — コンビニエンスストア

(20) **少女**：ビル，あなたはいつサッカーの練習をするの？
少年：土曜日と日曜日だよ。ぼくはサッカーをするのが大好きなんだ。

　　　1　ぼくはそれをプレーできるよ。
　　　2　もうかれこれ2年になるね。
　　　3　土曜日と日曜日だよ。
　　　4　いや，ぼくはしないよ。

✓ 少女は When ～? を使っていつサッカーの練習をしているのかをたずねているので，On Saturdays and Sundays.（毎週土曜日と日曜日だよ。）と答えている**3**が適切です。

📖 WORDS&PHRASES
　□ practice — ～を練習する　　□ about — およそ，約

(21) **Yesterday, they (walked from the school to the zoo) in the park.**

✓ 「AからBまで歩く」は walk from A to B で表します。

(22) **My sister (is very good at playing) the piano.**

✓ 「〜が上手である，得意である」は be good at 〜で表し，「とても」を表す very は good の前に入れます。be good at 〜はほかにもスポーツや教科など，得意なことを伝えるときに使います。

(23) **The museum (is more famous than the castle) in my town.**

✓ 「AよりBのほうが有名です」は B is more famous than A のように表します。比較級を表す語は，最後に er をつけて表すことが多いのですが，famous のように前に more を入れて表すものもあります。

(24) **It (began to rain early this) morning.**

✓ 「〜し始める」は begin to 〜で表します。began は begin の過去形です。early を this morning の前につけると「けさ早く」という意味を表します。

(25) **My grandfather (showed us the pictures of his trip).**

✓ 「AにBを見せる」は show A B で表します。show のあとには見せる相手を表す語を続けて，そのあとに見せるものを表す語を続けます。見せるものを先にして show B to A と表すこともできます。

本文の意味

絵のかき方を学びましょう

私たちの美術教室に来てください。みなさんは私たちと一緒に，もっと絵が上手にかけるようになります。㉖レッスンは火曜日の午後で３か月間です。それぞれのレッスンでは，犬や山，花のような，違った物をかきます。

最も上手な絵を，市立図書館に１か月間展示します。

㉗より詳しい情報は，教務室のコブ先生と話してください。

㉖ **レッスンはどれくらいの頻度で行われますか。**
1 週に１度です。　　　　　　　　2 週に２度です。
3 月に１度です。　　　　　　　　4 月に３度です。

☑ 下線部㉖に Lessons are on Tuesday afternoons とあるので，1 の「週に１度」が適切です。ほかの曜日については書かれていないので，2 は不適切です。掲示の問題では，「いつ」「どこで」など時や場所に注意して読みましょう。

㉗ **その教室についてだれと話すことができますか。**
1 美術専攻の生徒たちです。　　2 コブ先生です。
3 市立図書館の職員です。　　　4 生花店の従業員です。

☑ 掲示の最後の下線部㉗に For more information, speak with Mrs. Cobb とあることから，その教室について話すことができるのはコブ先生と考えられるので，2 が適切です。ほかの選択肢の人物は掲示の中に書かれていません。

WORDS&PHRASES

□ draw—（絵）をかく　□ art—美術　□ class—授業，講習
□ better—good（上手な）の比較級　□ each—それぞれの　□ different—違う
□ such as〜—〜のような　□ best—good（上手な）の最上級　□ drawing—絵
□ more—もっと多くの　□ information—情報
□ a week[month]—１週間[１か月]につき　□ 〜 times—〜回

本文の意味

送信者：デビー・スミス
宛先：サオリ・ヤマダ
日付：4月19日
件名：折り鶴を作ること

・・

こんにちは，サオリ，

㉘今日，私は折り紙を習ったの。私は折り紙で鶴を作ったのよ。もちろん，あなたもできるよね？　1,000羽作ると，幸運をもたらすということも習ったよ。今度の土曜日か日曜日に一緒に作ろうよ。野球部に持っていけるわ。来月，大きな大会があるからね。

あなたの友達，

デビー

送信者：サオリ・ヤマダ
宛先：デビー・スミス
日付：4月21日
件名：折り鶴

・・

こんにちは，デビー，

折り鶴のことを弟［兄］に話してみたわ。彼も作れるし，私たちに参加するわ。そうしたらすぐに1,000羽の鶴を作り終えられるわね。㉙あなたの家に一緒に行きます。㉚私たちは日曜日のほうが都合がいいわ。私たちの学校の野球部は去年決勝戦で勝ったの。今年もまた勝つことを期待しているわ。

ありがとう，

サオリ

㉘　デビーは4月19日に何をしましたか。
　1　和紙を作りました。
　2　1,000羽の折り鶴を作り終えました。
　3　紙で鶴を作りました。

4 野球部に入りました。

✍ 下線部㉘に I made cranes with paper. とあり，E メールを送ったその日の出来事なので，**3** が適切です。**2** は 1,000 が合いません。デビーは千羽鶴の意味を学んだだけで，その日に 1,000 羽の鶴を折ったわけではありません。

㉙ **デビーとサオリと彼女の弟 [兄] はどこでその作業をしますか。**
1 野球部の部室です。
2 学校です。
3 デビーの家です。
4 サオリの家です。

✍ 下線部㉙に We will come to your house together. とあります。この your house とはデビーの家のことなので，**3** が適切です。E メールの問題では，送り手と受け手を確認して，文中の I や you がだれを指すのかに注意しましょう。

㉚ **デビーはサオリと彼女の弟 [兄] に…に会います。**
1 今度の土曜日   **2** 今度の日曜日
3 来月   **4** 来年

✍ 下線部㉚に Sunday is better for us. とあるので，**2** が適切です。**1** はデビーが提案した中にあり，サオリは日曜日を選んでいるので，不適切です。

▌▌ WORDS&PHRASES
□ **date** —日付   □ **April** — 4 月   □ **subject** —件名，主題
□ **made** — **make**（～を作る）の過去形   □ **with** ～ —～で   □ **of course** —もちろん
□ **also** —～もまた   □ **bring** —～をもたらす   □ **good luck** —幸運
□ **Let's** ～. —～しよう。   □ **together** —一緒に   □ **take** —～を持っていく
□ **told** — **tell**（～に話す）の過去形   □ **too** —～もまた   □ **join** —～に参加する
□ **quickly** —すぐに   □ **won** — **win**（～に勝つ）の過去形   □ **final** —最終の
□ **hope** ～ —～であることを望む

本文の意味

学校のまわりに花を植えること

　ジュディは日本の中学校の新入生です。㉛彼女は日本に１か月前に来ました。今ではクラスに友達がたくさんいます。

　この前の土曜日の５月10日に，彼女のクラス全員が「学校のまわりに花を植えよう」祭りに参加しました。10時に彼らは校庭で会いました。㉜5人一組のチームを作りました。計画は，校庭とサッカー場のまわりに花を植えることでした。

　㉝その行事のはじめに，園芸店の店員たちが花をいくつか植えました。ジュディやほかの生徒たちはよく見て彼らから学びました。各チームは植えるための50本の花，園芸道具，２つの水やり用のバケツを受け取りました。およそ10種類の花がありました。ジュディは花を植えるのをとても楽しみました。

　㉞12時30分にすべてを終えました。㉟昼食後，ジュディと彼女のチームメンバーたちは，学校を歩いて花を見て回りました。自分たちの学校が今はきれいになったので，彼らは幸せに感じました。

(31)　**ジュディはいつ日本に来ましたか。**
1　この前の土曜日です。　　　　　2　先週です。
3　先月です。　　　　　　　　　　4　去年です。

✓　下線部㉛に She came to Japan a month ago. とあるので，**3** が適切です。説明文では，第１段落に人物について書かれていることが多く，その内容からよく出題されます。

(32)　**各チームには何人いましたか。**
1　2人です。　　　　　　　　　　2　5人です。
3　10人です。　　　　　　　　　　4　50人です。

✓　下線部㉜に They made teams of five students. とあるので，**2** が適切です。How many ～? は人やものの数をたずねるときに使います。

(33) 生徒たちが花を植え始める前に，…
1 彼らの先生がスピーチをしました。
2 園芸店の店員たちが花を植えました。
3 彼らは園芸店を訪ねました。　　　4 彼らは昼食を食べました。

☑ 下線部㉝に At the beginning of the event, workers from a garden center planted some flowers. とあります。さらに，Judy and the other students watched and learned from them. とあるので，2が適切です。

(34) 12時30分に何が起こりましたか。
1 彼らが校庭で会いました。　　　2 彼らが花を植え始めました。
3 彼らが行事を終えました。　　　4 彼らが下校しました。

☑ 下線部㉞に At 12:30, they finished everything. とあります。つまり，この時刻に行事が終わったということなので，3が適切です。

(35) ジュディと彼女のチームメンバーたちは，なぜ学校を歩き回ったのですか。
1 花を選ぶためです。　　　2 花を見るためです。
3 花の写真を撮るためです。　　　4 花に水をやるためです。

☑ 下線部㉟に Judy and her team members walked around the school to see the flowers. とあります。つまり，この「花を見る」ことが学校を歩き回った目的なので，2が適切です。

📖 WORDS&PHRASES
□ around ～に―～のまわりに　　□ May―5月　　□ join―～に参加する
□ festival―祭り　　□ met―meet(会う)の過去形　　□ beginning―はじめ
□ event―行事　　□ other―ほかの　　□ each―それぞれの　　□ tool―道具
□ enjoy ～ing―～することを楽しむ　　□ felt―feel(感じる)の過去形
□ start to ～―～し始める　　□ make a speech―スピーチをする
□ happen―起こる　　□ left―leave(～を出発する)の過去形　　□ choose―～を選ぶ

リスニングテスト第1部 （問題 p.130～131）

〈例題〉

🔊 A: Hi, my name is Yuta.
B: Hi, I'm Kate.
A: Do you live near here?
1　I'll be there.
2　That's it.
3　Yes, I do.

「やあ，ぼくの名前はユウタだよ。」
「こんにちは，私はケイトよ。」
「きみはこの近くに住んでいるの？」
1「そちらに行きます。」
2「それだわ。」
3「ええ，そうよ。」

No.1

🔊 A: Here we are at the station!
B: Thanks for bringing me in your car.
A: No problem. Have a nice day.
1　By next week.
2　You, too.
3　By train.

「はい，駅に着きました！」
「車で送ってくれてありがとう。」

「どういたしまして。よい1日を。」

1「来週までにね。」
2「きみもね。」
3「電車でね。」

No.2

🔊 A: It was exciting.
B: Yeah, I love watching soccer games.
A: Do you often come here?
1　Yes, once in every two weeks.
2　No, maybe this weekend.
3　OK, I'll be waiting at the gate.

「わくわくしたわね。」
「うん，ぼくはサッカーの試合を見るのが大好きなんだ。」
「ここにはよく来るの？」
1「うん，2週間に1度ね。」

2「いや，たぶん今週末だね。」
3「わかった，入り口で待っているよ。」

📝 「ここによく来ますか」と聞かれているので，「2週間に1度」と具体的な頻度を答えている1が適切です。

No.3

A: I have a piano concert tomorrow.

B: Wow! Are you excited?

A: Yes, my grandparents are going to come.

  1 Every morning.
  2 About 1,000 people.
  3 Good luck.

「明日はピアノの発表会なんだ。」

「うわぁ！　きみはわくわくしている？」

「うん，祖父母が来る予定なの。」

1 「毎朝だね。」
2 「約1000人だね。」
3 「がんばってね。」

No.4

A: Your cat is so cute!

B: Thank you. Her name is Mimi.

A: How old is she?

  1 She's my cat.
  2 She's on the sofa.
  3 She's about three months old.

「きみの猫はとてもかわいいね！」

「ありがとう。名前はミミって言うの。」

「いくつなの？」

1 「私の猫よ。」
2 「ソファーの上にいるわ。」
3 「3か月くらいよ。」

📝 How old ~? は年齢やものの古さをたずねるときの表現です。「3か月くらい」と答えている3が適切です。

No.5

A: Do you play any sports?

B: Yes. I'm good at table tennis.

A: Really? When did you start?

  1 At night.
  2 When I was five.
  3 Every Saturday evening.

「あなたは何かスポーツをするの？」

「うん。ぼくは卓球が得意だよ。」

「そうなの？　いつ始めたの？」

1 「夜だよ。」
2 「ぼくが5歳のときだよ。」
3 「毎週土曜日の夕方だよ。」

合格力チェックテスト　リスニング

169

No.6

A: That Italian restaurant looks nice.

B: Let's have lunch there now.

A: Sorry, I had a late breakfast.

   1 They don't serve lunch.

   2 Yes, I'm hungry, too.

   3 Oh, maybe next time, then.

「あのイタリア料理のレストランはよさそうだね。」

「今, あそこでお昼を食べましょうよ。」

「ごめん, ぼくは遅い朝食を食べたんだ。」

1「昼食は出していないのよ。」

2「ええ, 私もおなかがすいているわ。」

3「あら, それでは次回ね。」

No.7

A: Mom.

B: What's the matter, John?

A: I have a headache.

   1 I'll see you tomorrow.

   2 Let's go to see the doctor.

   3 I took medicine.

「お母さん。」

「どうしたの, ジョン？」

「頭が痛いんだ。」

1「明日会いましょう。」

2「お医者さんに診てもらいに行きましょう。」

3「私は薬を飲んだわ。」

✍ 少年が最後に「頭が痛い」と言っているので, Let's go to see the doctor.(医者に診てもらいに行こう。)と言っている2が適切です。

No.8

A: Excuse me.

B: Yes, may I help you?

A: Do you have bigger jackets than this?

   1 Yes. They are over there.

   2 I wear size 48.

   3 I like the color.

「すみません。」

「はい, 何かご用ですか。」

「これよりも大きいジャケットはありますか。」

1「はい。あちらにございます。」

2「私は48のサイズを着ます。」

3「私はその色が好きです。」

No.9

🔊
A: There's a big concert next week.

B: Yes. I know about it, too.

A: Will you go?
1　For two hours.
2　Yes, I will.
3　It's on Wednesday.

「来週は大きなコンサートがあるんだ。」

「ええ。私もそのことを知っているわ。」

「きみは行くの？」
1 「2時間よ。」
2 「ええ，行くわよ。」
3 「それは水曜日よ。」

📝 男性が女性にコンサートに行くのかどうかをたずねています。Yes, I will.（ええ，行くわよ。）と答えている2が適切です。

No.10

🔊
A: I'm going to work in New York.

B: Really? I lived there once.

A: How long did you live there?
1　For about two years.
2　It's really hot.
3　I was a student there.

「ぼくはニューヨークで働くことになったよ。」

「本当？　私は以前そこに住んでいたわ。」

「どのくらいの間そこに住んでいたの？」
1 「約2年間ね。」
2 「とても暑いわよ。」
3 「私はそこで学生だったの。」

📝 2人はニューヨークについて話していて，男性が最後にどのくらいの間住んでいたのかをたずねています。したがって，For about two years.（約2年間ね。）と答えている1が適切です。

リスニングテスト第2部 (問題 p.132 〜 133)

No.11

A: Hello?

B: Hello, this is Jack speaking. Is Mary home?

A: Sorry, she's at the library.

B: OK. I'll call back later this evening.

Question **Where is Mary now?**

A: もしもし。

B: もしもし，こちらはジャックです。メアリーさんは家にいらっしゃいますか。

A: ごめんなさい，彼女は図書館にいます。

B: わかりました。今晩あとで電話をかけ直します。

質問 今，メアリーはどこにいますか。

1 ジャックの家に。   2 図書館に。
3 駅に。   4 母親と一緒に家に。

✓ メアリーが家にいるかをたずねられて，女性は Sorry, she's at the library. と言っているので，2 が適切です。

No.12

A: You look sad, Thomas.

B: I really am.

A: What's the matter? Did you have a fight?

B: No. A good friend of mine went back to his country.

Question **Why is Thomas sad?**

A: トーマス，悲しそうね。

B: ほんと，そうなんだよ。

A: どうしたの？ けんかしたの？

B: ちがうよ。親しい友達が国に帰ってしまったんだよ。

質問 なぜトーマスは悲しいのですか。

1 彼は友達がいなくなって寂しく思います。

2 彼は国に帰らなければなりません。

3 彼は友達とけんかをしました。

4 彼はテストでうまくやれませんでした。

✓ たずねられているのは，トーマスが悲しんでいる理由です。トーマスは会話をしている少年で，最後に A good friend of mine went back to his country. と言っているので，1が適切です。

No.13

🔊 *A:* Is this your bike, Greg?

B: No, it's my brother's, Cindy.

A: Don't you have one?

B: No, I don't. I usually use my brother's.

Question **Whose bike is it?**

A: これはあなたの自転車なの，グレッグ？

B: いや，それは兄［弟］のだよ，シンディ。

A: あなたは持っていないの？

B: うん，持っていないんだ。ぼくはたいてい兄［弟］のを使っているんだよ。

質問 それはだれの自転車ですか。

1 グレッグのです。

2 グレッグのお兄さん［弟さん］のです。

3 シンディのです。

4 シンディのお兄さん［弟さん］のです。

✓ たずねられているのは，自転車の持ち主です。グレッグとシンディの対話で，グレッグが it's my brother's（私の兄［弟］のです）と言っているので，2が適切です。

No.14

🔊 *A:* What tests did you take today, David?

B: Japanese and math.

A: Do you have any more tests this week?

B: Yes, science on Wednesday and history on Thursday.

Question **Which test is on Wednesday?**

A: デイビッド，今日は何のテストを受けたの？

B: 日本語と数学だよ。

A: 今週はもっとテストがあるの？

B: うん，水曜日に理科があって，木曜日には歴史があるよ。

質問 **水曜日にはどのテストがありますか。**

1 日本語です。 2 数学です。

3 理科です。 4 歴史です。

📝 水曜日のテストについては，少年が最後に science on Wednesday （水曜日に理科）と言っているので，**3**が適切です。

No.15

🔈 *A:* Janet, is today's meeting at three?

B: No, it's at four.

A: Good. I have things to do until three.

B: OK, come five minutes before four.

Question **What time will the meeting start?**

A: ジャネット，今日の会議は3時からだっけ？

B: いいえ，4時からよ。

A: よかった。ぼくは3時まですることがあるんだ。

B: わかったわ，4時5分前に来てね。

質問 **会議は何時に始まりますか。**

1 3時です。 2 3時55分です。

3 4時です。 4 5時です。

📝 会議の開始時刻について，男性が「3時からだっけ？」と確認していますが，女性が No と言って it's at four と訂正しているので，

3が適切です。女性は最後に「4時5分前には来てね」と言っていますが、会議が始まる時刻は4時です。

No.16

A: Is that a picture of Boston?

B: Yes. Boston is my mother's hometown.

A: So, does your grandmother still live there?

B: Yes, she does.

Question　**Who lives in Boston now?**

- -

A: それはボストンの写真？

B: そう。ボストンは母の故郷なの。

A: だったら、あなたのおばあさんはまだそこに住んでいるの？

B: うん、そうよ。

質問　今、ボストンにはだれが住んでいますか。

1　少年の祖母です。　　　　　2　少女です。

3　少女の母親です。　　　　　4　少女の祖母です。

- -

✓　「あなたのおばあさんはまだそこ（＝ボストン）に住んでいるの？」と聞かれて、少女がYes, she does. と答えているので、4が適切です。少女はボストンについて「母の故郷」と言っていますが、今も住んでいるとは言っていません。

No.17

A: Oh no!

B: What? What's the matter?

A: There is only one egg in here.

B: I made two boiled eggs this morning.

Question　**How many eggs did the man cook this morning?**

- -

A: あら、いやだ！

B: 何？　どうしたの？

A: ここに卵が1個しかないわ。

B: ぼくがけさ，ゆで卵を 2 個作ったよ。

質問 男性はけさ，卵を何個調理しましたか。

1 1個です。　　　　　　　　2 2個です。

3 3個です。　　　　　　　　4 4個です。

☑ 男性は I made two boiled eggs と言っているので，調理して使った卵の数は 2 が適切です。今ある卵の数は 1 の One. で，けさ男性が 2 個使うまであった卵の数が 3 の Three. です。

No.18

🔊 *A:* May I help you, ma'am?

B: Yes. I'm looking for a bicycle.

A: Is it for you?

B: No, it's for my five-year-old son. Tomorrow is his birthday.

Question **Where are they talking?**

A: ご用は何でしょうか，お客様。

B: はい。自転車を探しているんです。

A: ご自分のでしょうか。

B: いいえ，私の 5 歳の息子のです。明日が彼の誕生日なんです。

質問 彼らはどこで話していますか。

1 誕生日パーティーの会場で。　　2 衣料品店で。

3 病院で。　　　　　　　　　　　4 自転車店で。

☑ 「自転車を探しているんです」と言う女性に，男性がだれのためのものかたずねているので，4 の自転車店での対話と考えられます。

No.19

🔊 *A:* It's me, Dad. It's raining outside.

B: Where are you, Amy?

A: At the station. Can you pick me up?

B: Sure. I'll come soon.

Question **What will the man do now?**

A: お父さん，私よ。外は雨が降っているの。

B: どこにいるの，エイミー？

A: 駅よ。車で迎えに来てもらえる？

B: いいよ。すぐに行くよ。

質問 **男性はこれからどうしますか。**

1 電車に乗ります。　　　　　2 バスを降ります。

3 車を運転します。　　　　　4 家に帰ります。

☑ 電話で少女が父親に「車で迎えに来てもらえる？」と頼んでいて，父親は最後に I'll come soon. と言っているので，3 が適切です。pick ~ up は「~を車で迎えに行く」という意味です。

No.20

A: Are those your new soccer shoes?

B: Yes, I got them for my birthday.

A: The color will catch everyone's eye.

B: Yeah, they're bright.

Question **What are they talking about?**

A: それはあなたの新しいサッカーシューズ？

B: うん，ぼくの誕生日にもらったんだ。

A: 色がみんなの目を引くわね。

B: うん，明るいからね。

質問 **彼らは何について話していますか。**

1 少女の誕生日です。

2 少年の靴です。

3 彼らの大好きな色です。

4 少年のサッカーの試合です。

☑ 少年が誕生日にもらったサッカーシューズについて少女が感想を述べているので，2 が適切です。catch everyone's eye は「みんなの目を引く」という意味です。

リスニングテスト第3部 （問題　p.134〜135）

No.21

🔊 Frank went to school by bike today. After school he couldn't find the key to his bike, so he had to walk home.

Question **Why did Frank have to go home on foot?**

フランクは今日，自転車で学校に行きました。放課後，彼は自転車のかぎを見つけられなかったので，歩いて帰宅しなければなりませんでした。

質問 **なぜフランクは歩いて帰宅しなければならなかったのですか。**
1 彼は自転車をなくしたからです。
2 彼はかぎをなくしたからです。
3 友達が彼の自転車を使ったからです。
4 彼は今日自転車を使っていなかったからです。

✓ フランクが自転車で登校したのに，歩いて帰らなければならなかった理由については，he couldn't find the key to his bike と言っているので，2が適切です。

📖 WORDS&PHRASES
□ **by 〜**—〜で　　□ **have to 〜**—〜しなければならない　　□ **on foot**—歩いて

No.22

🔊 Emma and her sister play the guitar. Their aunt teaches the guitar every Saturday. So, they go to her house to practice.

Question **Where does Emma practice the guitar?**

エマと彼女の妹[姉]はギターを弾きます。彼女たちのおばが毎週土曜日にギターを教えています。それで，彼女たちは練習をするためにおばの家に行きます。

質問 **エマはどこでギターの練習をしますか。**
1 家です。　　　　　　　　　2 学校です。
3 おばの家です。　　　　　　4 妹[姉]の家です。

178

☑ ギターを練習する場所については, 最後に they go to her house と言っています。この her は Their aunt のことなので, 3が適切です。their や they, her などの代名詞が多く出てくるので, だれのことを指しているのかに気をつけて聞きましょう。

📖 WORDS&PHRASES
□ aunt—おば　　□ practice—(〜を)練習する　　□ at home—家で

No.23

🔊 Vicky's grandfather gave her 50 dollars for her birthday. So, she bought a book. It was 20 dollars. She also bought a pen for three dollars.

Question **How much was the book?**

ヴィッキーのおじいさんが彼女の誕生日に50ドルくれました。それで, 彼女は本を買いました。それは20ドルでした。彼女はまた, 3ドルでペンも買いました。

質問 **本はいくらでしたか。**

1　50ドルです。　　　　　　　　2　20ドルです。

3　3ドルです。　　　　　　　　4　23ドルです。

☑ たずねられているのは本の値段です。So, she bought a book. のあとに It was 20 dollars. と言っているので, 2が適切です。1の50ドルはヴィッキーがもらった金額, 3の3ドルはペンの値段, 4の23ドルは本とペンの値段の合計なので, どれも不適切です。

📖 WORDS&PHRASES
□ gave—give(〜に…を与える)の過去形　　□ bought—buy(〜を買う)の過去形

No.24

🔊 Attention, please. All the teachers will go to the school meeting room for a meeting. So, there are no classes or clubs this afternoon.

Question **Where is the woman talking?**

お知らせします。先生方は全員，会議のために学校の会議室に行きます。ですから，今日の午後は授業もクラブもありません。

質問 **女性はどこで話をしていますか。**

1 市役所でです。 　　　　　2 学校でです。

3 スポーツジムでです。 　　4 病院でです。

📝 All the teachers や no classes or clubs などから連想される2が適切です。Where is the woman talking? はアナウンスがどこで行われているのかをたずねる質問なので，アナウンスをしている場所が想像できるような表現に注意して聞くようにしましょう。

📖 WORDS&PHRASES

□ **Attention, please.**―お知らせいたします。　　□ **city hall**―市役所

No.25

🔊 I like playing the violin and practice it every day. Next month, I'll enter a music contest. I want to win the first prize.

Question **What will the girl do next month?**

私はバイオリンを弾くことが好きで，毎日練習しています。来月，私は音楽コンテストに出ます。私は1等賞を取りたいと思っています。

質問 **少女は来月何をしますか。**

1 音楽学校に入ります。

2 コンテストに参加します。

3 バイオリンの練習をし始めます。

4 新しいバイオリンを買います。

📝 来月については Next month, I'll enter a music contest. と言っているので，enter を Take part in と言いかえている2が適切です。enter をそのまま使っている1はまぎらわしいですが，音楽学校に入るとは言っていないので，不適切です。言いかえの表現に気をつけましょう。

📖 WORDS&PHRASES

□ **enter**―〜に参加する，〜に入る　　□ **take part in ~**―〜に参加する

🔊 Last week, I went cycling with my cousins. They have mountain bikes. I only have a child's bike. I'll buy a mountain bike this autumn.

Question **What will the boy buy this autumn?**

- -

先週，ぼくはいとこたちとサイクリングに行きました。彼らはマウンテンバイクを持っています。ぼくは子ども用自転車を持っているだけです。この秋には1台マウンテンバイクを買うつもりです。

質問 **少年はこの秋に何を買いますか。**

1 彼の2台目の自転車です。
2 子ども用の自転車です。
3 彼のいとこの自転車です。
4 サイクリング用ヘルメットです。

- -

📝 この秋に買うものについて，I'll buy a mountain bike this autumn. と言っているので，1が適切です。子ども用の自転車をすでに1台持っているので，次に買うマウンテンバイクを second bike と表しています。

📖 WORDS&PHRASES

□ cousin — いとこ   □ autumn — 秋   □ second — 2番目の

🔊 A new student joined my soccer club two weeks ago. He is very good at soccer. My family and I invited him for dinner tomorrow.

Question **What is the boy talking about?**

- -

2週間前に，新入生がぼくのサッカー部に入部してきました。彼はサッカーがとても上手です。ぼくの家族とぼくは彼を明日の夕食に招待しました。

質問 **少年は何について話していますか。**

1 彼の大好きなスポーツです。
2 彼の新しいサッカーボールです。
3 彼の大好きな夕食です。

4 クラブの新メンバーです。

What is ～ talking about? は全体の話題を問う質問です。少年は所属しているサッカー部に新しく入った部員について述べているので，4が適切です。

📖 WORDS&PHRASES
□ join―～に加わる　□ ～ ago―～前に　□ be good at ～―～が上手だ

No.28
🔊 Today, Tommy played in two baseball games, so he's very tired. Tomorrow, he'll do his homework all day and study for a test next week.

Question **Why is Tommy tired today?**

今日，トミーは2試合で野球をしたので，とても疲れています。明日，彼は一日中宿題をし，来週のテストに備えて勉強します。

質問 **トミーは今日，なぜ疲れていますか。**
1 彼は一日中宿題をしたからです。
2 彼はテストの勉強をしたからです。
3 彼は野球をたくさんしたからです。
4 彼は野球の試合を見たからです。

トミーが疲れている理由については，初めのほうでTommy played in two baseball games と言っているので，3が適切です。

📖 WORDS&PHRASES
□ tired―疲れて　□ all day―一日中

No.29
🔊 Jennifer likes animals. Yesterday was her birthday, and her grandpa gave her a rabbit. It's brown and white. She's happy with her new pet.

Question **What happened to Jennifer yesterday?**

ジェニファーは動物が好きです。昨日は彼女の誕生日で、おじいさんが彼女にウサギをくれました。それは茶色と白です。彼女は新しいペットをもらって幸せです。

質問 ジェニファーに昨日何が起こりましたか。

1 彼女は動物園に行きました。
2 彼女は祖父母を訪ねました。
3 彼女は動物をもらいました。
4 彼女は茶色と白の絵をかきました。

📝 たずねられているのは、昨日のできごとです。Yesterday was her birthday, and her grandpa gave her a rabbit. と言っています。したがって、3が適切です。

📖 WORDS&PHRASES

□ drew—draw(〈絵〉をかく)の過去形

No.30

🔊 Ronald has a tennis match on Sunday. Sunday will be sunny, but the wind may be strong. He doesn't want to play on such a day.

Question **How will the weather be on Sunday?**

ロナルドは日曜日にテニスの試合があります。日曜日は晴れそうですが、風が強いかもしれません。彼はそんな日に試合をしたくありません。

質問 日曜日はどんな天気になるでしょうか。

1 くもりです。　　　　　　2 晴れです。
3 雨です。　　　　　　　　4 雪です。

📝 たずねられているのは日曜日の天気です。Sunday will be sunny と言っているので、2が適切です。

📖 WORDS&PHRASES

□ may ~—~かもしれない　　□ strong—強い　　□ such—そのような

合格力チェックテスト　リスニング

英検4級 2024年度 試験日程

第1回検定	[受付期間]	3月15日(金)〜5月8日(水)	
	[一次試験]	本会場 ———	6月2日(日)
		準会場 ———	5月24日(金)・25日(土)・26日(日)
			5月31日(金)・6月1日(土)・2日(日)
第2回検定	[受付期間]	7月1日(月)〜9月9日(月)	
	[一次試験]	本会場 ———	10月6日(日)
		準会場 ———	9月27日(金)・28日(土)・29日(日)
			10月4日(金)・5日(土)・6日(日)
第3回検定	[受付期間]	11月1日(金)〜12月16日(月)	
	[一次試験]	本会場 ———	2025年1月26日(日)
		準会場 ———	1月17日(金)・18日(土)・19日(日)
			1月24日(金)・25日(土)・26日(日)

● 学校などで団体準会場受験する人は,日程については担当の先生の指示に従ってください。
● 受付期間や試験日程は,下記ホームページ等で最新の情報を事前にご確認ください。

公益財団法人 日本英語検定協会	HP	https://www.eiken.or.jp/eiken/
	電話	03-3266-8311

2024年度 英検4級過去問題集

編集協力　株式会社ファイン・プランニング　株式会社メディアビーコン
　　　　　上保匡代,菊地あゆ子,佐藤美穂,敦賀亜希子,村西厚子,渡邉聖子
英文校閲　Joseph Tabolt
音声制作　一般財団法人英語教育協議会(ELEC)
ナレーション　Jack Merluzzi, Rachel Walzer, 水月優希
　　　　　　　Howard Colefield, Jennifer Okano
デザイン　小口翔平＋嵩あかり＋村上佑佳(tobufune)
イラスト　MIWA★,日江井 香,合資会社イラストメーカーズ,加納徳博